À Helga, Jean et Claude,
fondateurs de l'Association
des personnes de petite taille,
dont le courage premier
éclaire encore le chemin.

W0339677

Comité éditorial : l'Association
des personnes de petite taille,
Suzette Durand,
Marie-Hélène Gondre-Vidalinc,
Paul-Henri Moinet

Textes : Marie-Hélène Gondre-Vidalinc,
Paul-Henri Moinet

*Création graphique de la couverture
et des pages intérieures :* Agnès Boulmer

Illustrations : Adélaïde Bouchet

Photographies : Audrey Guyon,
Lucie Hodiesne Darras et Ghazal Firouzi
audreyguyonphotographe.fr,
luciehodiesnedarras.com, @ghazalfr
Page 116 : Fédération Française
de Badminton – Steve Matyja
Pages 196 à 199 : Christian Baraja
& Erik Lasalle, Studio SLB

Une version de cet ouvrage
accessible aux lecteurs malvoyants
ou dyslexiques est disponible
au format numérique sur toutes
les plateformes de vente en ligne.

Vous pouvez consulter notre catalogue
général et l'annonce de nos prochaines
parutions sur notre site :
www.lisez.com/editeurs/cherche-midi
© Le Cherche Midi, 2025
92, avenue de France, 75013 Paris
serviceclients@lisez.com

Dépôt légal : janvier 2026
ISBN : 978-2-7491-8529-3

Pour quelques centimètres en moins

Sous la direction de l'Association des personnes de petite taille

le cherche midi

Sommaire

Préface

Le nanisme est une réalité plurielle, qui s'inscrit à la croisée d'enjeux médicaux, sociologiques et culturels. En France, environ 10 000 personnes sont directement concernées par cette condition, mais ce chiffre, à lui seul, ne dit rien de la diversité des parcours, des aspirations et des défis quotidiens. Car si la petite taille peut être appréhendée sous un prisme clinique – il existe en effet plus de 500 formes de nanisme –, c'est avant tout dans l'espace public qu'elle prend tout son sens.

Trop souvent, le nanisme est perçu à travers le filtre du spectaculaire ou de la curiosité. Le regard porté sur les personnes de petite taille oscille entre fascination et rejet, amusement et malaise. Dans la rue, dans les transports, à l'école, sur le lieu de travail... les témoignages de regards insistants, de photos prises à la dérobée sans consentement, et de questions intrusives sur le corps se multiplient. Cette exposition permanente, qui tend à transformer l'individu en objet de curiosité, rappelle que la différence physique demeure encore, pour beaucoup, une singularité à observer, voire à juger.

Le traitement de cette altérité puise ses racines dans l'histoire. Longtemps, les personnes de petite taille ont été intégrées aux cours royales, souvent cantonnées à des rôles ambigus, mêlant proximité affective, amusement et dérision. Elles furent ensuite exhibées dans des spectacles de curiosités et des *freaks shows*, présentées comme des êtres à part destinés au divertissement des foules. Si ces pratiques semblent appartenir à un passé révolu, elles se perpétuent sous d'autres formes aujourd'hui. La culture populaire continue de véhiculer des stéréotypes, associant le nanisme au burlesque ou à la caricature. Plus préoccupantes encore sont certaines pratiques contemporaines qui témoignent de la persistance de ces mentalités archaïques. La « location de nains » pour des soirées privées, par exemple, en est une illustration flagrante.

Le langage lui-même porte les traces de ces constructions culturelles, le terme « nain » étant marqué d'une ambivalence troublante. À la fois vocable scientifique et mot du registre courant, il est fréquemment utilisé de manière dépréciative et péjorative, enfermant les personnes concernées dans un imaginaire façonné par les contes, les mythes, le cirque, le cinéma ou encore le discours politique, qui l'érige bien souvent en métaphore de la médiocrité ou de l'infériorité. Or, derrière cet héritage symbolique et cette appellation imprécise, se trouvent des individus singuliers, dont l'identité ne saurait être réduite à une seule caractéristique physique.

L'achondroplasie, l'hypochondroplasie, l'ostéogenèse imparfaite… toutes ces formes de nanisme illustrent la tension entre une réalité biologique et la manière dont elle est socialement représentée. Ces maladies, génétiques ou hormonales, qui affectent la croissance, n'empêchent en rien une vie pleinement autonome et épanouie. L'accès à l'éducation, à l'emploi, à la parentalité ou aux loisirs n'est pas limité par la taille, mais bien par la manière dont les environnements sont aménagés et, surtout, par le regard porté sur la différence. Car si les progrès médicaux et législatifs ont permis d'améliorer l'intégration des personnes de petite taille, le fameux « regard de l'autre » peine, quant à lui, à évoluer.

Les politiques publiques ont un rôle essentiel à jouer dans cette transformation. L'accessibilité de l'espace urbain, l'adaptation des lieux et des outils de travail, l'accès à un parcours de soins adapté, la sensibilisation des plus jeunes… sont autant de leviers qui permettent d'assurer une société respectueuse des diversités. Mais ces avancées ne seront pleinement effectives que si elles s'accompagnent d'un changement profond des représentations. Il ne s'agit pas seulement de garantir des droits, mais de reconnaître pleinement la place des personnes de petite taille dans le tissu social, non plus comme des exceptions, mais comme des individus à part entière.

Comprendre le nanisme, ce n'est pas seulement saisir une réalité médicale. C'est aussi interroger la manière dont nous regardons et représentons les corps qui échappent à la norme. Et c'est à cette exigence de compréhension et de reconnaissance que répond cet ouvrage. Au-delà du témoignage personnel et loin du plaidoyer compassionnel, il se tient à distance tant du misérabilisme que de l'exotisation. À travers une approche historique, philosophique, juridique, politique, médicale et intime, il contribue à éclairer une réalité encore mal comprise et à ouvrir la voie vers une société plus juste.

Une société où chacun, indépendamment de sa taille, puisse vivre pleinement, dans le respect et, surtout, dans la dignité.

VIOLETTE VIANNAY
Présidente de l'Association
des personnes de petite taille

Genèse du projet

Des images aux mots

En cherchant des images qui mettraient en scène de façon juste la vie des personnes en situation de handicap, nous découvrons le grand désert des banques d'images. Un grand désert dont chaque grain de sable est un cliché, une représentation formatée, stéréotypée, qui ne donne rien à voir mais qui reproduit à l'infini ce que l'on a déjà vu partout : des fauteuils roulants, des sourires, des gestes de compassion, des bras ouverts et des mains tendues. Des visuels qui rendent paradoxalement plus invisibles des gens qui socialement le sont déjà – et particulièrement les personnes de petite taille. Des images qui laissent le regard morne, indifférent, incurieux.

En 2023, avec l'équipe de l'Association des personnes de petite taille (APPT), nous concevons donc l'exposition de photos *Grand Angle*, destinée à montrer le quotidien des personnes atteintes de nanisme, sans fard et sans complaisance, sans positivisme ni misérabilisme. Les photos sont toutes choisies, consenties, pensées comme un contre-pouvoir à la pratique des photos volées dans la rue ou les lieux publics et à leur diffusion massive sur les réseaux sociaux avec force commentaires désobligeants ou dégradants.

L'année d'après, l'exposition tourne dans les mairies, les écoles, les entreprises, partout en France. Nombreux sont celles et ceux qui réalisent ainsi que les personnes de petite taille ne sont pas juste de petite taille.

Vingt ans après la grande loi Chirac sur le handicap qui faisait dire à notre ancien Président : « Le refus de l'isolement et de l'exclusion conférera à notre société un supplément d'âme dont tout le monde profitera », l'APPT a souhaité donner une nouvelle résonance à son engagement à travers un ouvrage collectif, conçu avec notre concours et grâce au soutien fidèle de celles et ceux qui l'accompagnent dans son action. Dans cet ouvrage se croisent des histoires intimes, écrites d'après les témoignages de personnes atteintes de nanisme ou de leurs proches, et des points de vue de personnalités qualifiées qui contribuent à faire progresser leur santé, leurs droits, leur intégration professionnelle, leur représentation sociale ou publique, l'intelligence commune que nous leur devons, rédigés sur la base d'entretiens en face à face ou, plus rarement, de questionnaires adressés par écrit.

Un livre donc pour faire comprendre à quel point, pour quelques centimètres en moins, le monde peut basculer. Pour prolonger le combat contre les préjugés. Pour résister aux discriminations dont les réseaux sociaux sont un amplificateur massif. Pour protéger la dignité de chacun, qui signifie bien plus qu'un « supplément d'âme ». Pour que ne faiblisse pas la lutte politique, sociale, juridique en faveur des personnes de petite taille dont la condition cristallise de nombreux enjeux qui touchent les personnes en situation de handicap.

PAUL-HENRI MOINET,
MARIE-HÉLÈNE GONDRE-VIDALINC

1.
Quand la figure du nain fausse encore nos représentations de la personne de petite taille

Dites à un ami que vous avez croisé ce matin une personne de petite taille, il vous dira aussitôt: « Tu veux dire un nain ? » Et vous concéderez sans hésiter que ces deux mots désignent bien la même personne. Sauf pour celui ou celle que l'on désigne ainsi. Car si la dénotation est la même, le mot nain vous précipite dans l'enfer de la connotation. Un enfer dans lequel vous jouerez vite le rôle du diable parce que, par habitude, distraction, commodité ou facilité, vous aurez employé le mot nain alors que vous ne vous sentez ni nanophobe, ni handiphobe, ni eugéniste, ni validiste, ni rien de tout ce que l'on vous soupçonnera d'être.

Donnant un exemple d'euphémisme, le dictionnaire Larousse cite les expressions « il s'est éteint » ou « il a disparu » pour dire « il est mort ». Mais dire « il s'est éteint » n'est pas plus respectueux pour la personne qui vient de mourir que dire « il est mort ». Parler de personnes de petite taille pour les nains des cours des rois et des princes de la Renaissance serait en effet un anachronisme et, pire, une preuve flagrante de révisionnisme victimaire. Les nains de cour, comme ceux du cirque, ont existé. Ceux des légendes et des contes aussi, quoique dans un autre monde. Cette double mémoire, historique et légendaire, s'est inscrite dans notre langue, et notre langue a façonné notre représentation du monde. Cette mémoire, il faut la connaître, non pour la reproduire mais pour ne pas en être dupe, pour déminer ce qu'elle peut nous faire penser ou dire, souvent malgré nous.

Dans certains esprits, on dirait qu'elle a laissé des traces si profondes qu'elles semblent indélébiles. Un jour, pourtant, ces traces s'effaceront, pour ne plus appartenir qu'à l'histoire, aux archivistes, aux philologues. Personne n'aura oublié ce mot ni le sort de tous ceux qu'il a servi à désigner, car les mots sont les trésors de notre langue et notre langue est ce que nous avons de plus précieux.

Mais tous auront conscience de la puissance toxique du mot « nain » quand on le retourne contre les personnes de petite taille.

De qui « nain » est-il le nom ?

Au premier siècle de notre ère, l'empereur Domitien qui, comme tous les Romains, aimait les jeux du cirque, faisait combattre les nains dans l'arène contre de grandes et belles femmes. Héliogabale, qui régna cent trente-sept ans plus tard, adorait sa petite troupe de gladiateurs nains. Phineas Taylor Barnum, le fondateur américain du cirque éponyme en 1871, inventa le *freak show* avec de spectaculaires numéros de Lilliputiens dont la vedette principale, le général Tom Pouce, mesurait à peine 60 centimètres. Ce dernier acquit une telle renommée qu'on le présenta à la reine d'Angleterre Victoria.

Auguste, Tibère, Charles Quint, François Ier, Louis XII, Marie de Médicis, Henriette d'Angleterre, la reine Marie-Thérèse, épouse de Louis XIV, Henri III, le roi d'Espagne Philippe IV, Stanislas de Pologne, tous eurent leurs nains favoris, bouffons ou équivalents, pages, échansons, attachés à la garde-robe des princesses, parfois musiciens de salon. On les fit surtout servir à tout : dans les banquets des princes, dans la suite des puissants, dans les échanges diplomatiques en guise de cadeau, dans les jeux de trictrac ou du cirque. Trois siècles plus tard, dans le neuvième film de la saga James Bond, *L'Homme au pistolet d'or*, Hervé Villechaize interprète le serviteur du méchant tueur à gages Scaramanga : est-ce un hasard si l'on donne à ce personnage de nain le surnom Tric-Trac ? Est-ce une coïncidence si le célèbre acteur Piéral a commencé sa carrière dans les cabarets et au Cirque d'Hiver des frères Bouglione avant de tourner avec Marcel Carné, Max Ophüls ou Luis Buñuel ?

Dans le *Dictionnaire infernal du libre-penseur* de Jacques Collin de Plancy, édité en 1818, on trouve cette anecdote: « Aux noces d'un certain roi de Bavière, on vit un nain si petit qu'on l'enferma dans un pâté, armé d'une lance et d'une épée. Il en sortit au milieu du repas, sauta sur la table, la lance en arrêt, et excita l'admiration de tout le monde.» Avec eux tout était permis ou presque, libre usage, libre jouissance. On les appréciait pour leur liberté de ton, leurs facéties excentriques, leurs difformités distrayantes, faire-valoir de la beauté et du pouvoir des Grands de ce monde. On les peignait avec leurs maîtres, on leur donnait parfois des titres, on les chouchoutait, on les faisait jouer avec des animaux de compagnie, on les habillait comme des poupées de mode, sans oublier de les abandonner quand on avait fini de jouer. On déploya même une grande imagination lexicale pour dire à quel point on était attaché à cette merveilleuse faune humaine. On donnait à ses nains préférés des doux noms d'amour comme Bébé, Joujou, Nabo, Merlin, Brusquet, surnoms qui fleurent bon le monde de l'enfance et de la magie. On leur prêta des origines mythologiques ou mystérieuses, les sources du Nil ou les rives du Gange, on leur inventa des généalogies fantastiques : ils descendaient tantôt du corps de géants déchus, tantôt des fourmis ou des vers, ou bien ils venaient du monde de la brume ou du monde d'en bas. On les imagina issus de peuples ou de tribus légendaires comme les Myrmidons ou les Pygmées. Certaines traditions occultes les associèrent aux homoncules, ces répliques réduites de l'être humain que les alchimistes prétendaient pouvoir produire à l'aide de leurs grimoires et de leurs alambics.

L'historien romain Tite-Live raconte que les Perses antiques les éliminaient à la naissance. Histoire funeste que le régime nazi rejoua à une échelle industrielle avec les personnes handicapées et les personnes de petite taille. On se souvient de la famille Ovitz, troupe de saltimbanques et de musiciens itinérants dans la Roumanie, la Hongrie et la Tchécoslovaquie des années 1930. Sur les 12 membres du clan Ovitz, sept étaient de petite taille. Déportés à Auschwitz, ils firent partie du zoo humain de Josef Mengele qui, obsédé par la génétique, les utilisaient comme cobayes pour d'horribles et mortelles expérimentations médicales, quand il ne faisait pas défiler sa collection humaine toute nue pour distraire les dignitaires nazis.

Longtemps, donc, le « nain » fut cette figure hybride et instable, entre la merveille et le monstre, entre le jouet et l'animal de compagnie, entre l'erreur de la nature et la créature de la mythologie. Presque bon à tout faire, du moins dans les limites de ce que lui permettait son petit corps : tel fut longtemps son sort. On parlerait aujourd'hui d'exploitation humaine, de traitements cruels et dégradants, d'atteinte à l'intégrité et à la dignité de la personne. Mais on aurait bien tort d'appliquer nos valeurs contemporaines à la figure du personnage historique, fétiche des princes de ce monde, ou à la créature imaginaire et surnaturelle qui a structuré notre inconscient collectif par les contes et les légendes populaires, des frères Grimm à J. R. R. Tolkien, de Richard Wagner à Walt Disney et de Charles Perrault à George R. R. Martin.

Ces figures font partie de notre histoire, collective et intime. Elles ont habité nos livres d'enfants, veillé sur nos endormissements, accompagné nos rêves. Elles sont éternelles, irréductibles à des versions édulcorées, délavées, passées dans la grande essoreuse woke. Elles doivent continuer à voyager librement à travers les cultures car elles racontent nos angoisses et nos espoirs. Là est leur beauté et leur grandeur, il faut les cultiver, les protéger, les transmettre.

Histoires de mots, histoires de luttes

Ce qu'il faut attaquer en revanche, sans relâche et sans indulgence, c'est la fabrique des préjugés et des discriminations qui se nourrissent de notre matrice culturelle et imaginaire commune. Malgré le développement de la culture des droits de l'homme à partir du XVIIIe siècle, la personne de petite taille reste une surface de projection idéale pour recycler les représentations immémoriales qui ont sédimenté dans nos esprits. Avant de voir la personne de petite taille, on voit encore trop souvent des figures légendaires, au gré de nos pulsions et de notre inconscient. On ne voit pas le sujet de droit mais un objet que l'on projette ailleurs, loin ou hors du réel, sur une scène imaginaire ou fantasmatique. Au lieu de voir l'autre dans son irréductible altérité, on y voit la survivance de la figure du « nain ». Derrière cette image que l'on projette, le handicap est occulté, parfois on s'interdit même de le considérer. On s'arrête à la petite taille, on s'y fixe comme à un objet à tenir à distance par la moquerie ou le mépris, à tenir en respect, pourrait-on dire paradoxalement, afin précisément de ne pas avoir à la respecter. On se dispense ainsi de toute décence commune, fier de son statut de personne comme les autres. Dès lors, tout est permis vis-à-vis de ceux qui ont quelques centimètres de moins : l'infantilisation, la sexualisation, la bestialisation, la diabolisation, la gamification, la déshumanisation, l'infériorisation et la réduction au cliché, cette arme de destruction massive. Autant de phénomènes qui sont amplifiés par les réseaux sociaux, où des influenceurs sans scrupule et avides de gloire facile et monnayable s'en donnent à cœur joie pour se faire une grosse réputation à bon compte. Dans l'euphorie narcissique du collectif déchaîné et au nom de la liberté d'expression, on oublie, on piétine même la géniale leçon de Kant : « Si les choses ont un prix, l'homme, lui, a une dignité, laquelle est sans degrés et sans parties, et cela serait vrai même si Dieu n'existait pas », précisait le philosophe dans les *Fondements de la métaphysique des mœurs* en 1785.

Il est plus facile de rendre obsolète l'usage d'un mot que de le débarrasser de ses connotations, surtout quand elles passent pour neutres, objectives ou inoffensives.

Voir justement une personne de petite taille, ce n'est pas la voir juste comme une personne de petite taille, c'est la comprendre dans sa vie quotidienne, avec ses défaillances, ses joies, ses douleurs, ses plaisirs et ses ambitions, qui sont le lot commun de toute vie humaine.

Apprendre à ne pas s'autolimiter

Empowerment, awareness, community sont les trois mots de la signature de la Little People of America (LPA), la grande association américaine des personnes de petite taille. À l'initiative de l'acteur et activiste de petite taille Billy Barty, la première conférence nationale de l'association ouvre ses portes en 1957 à Reno, dans le Nevada. Ses trois dernières conférences eurent lieu à Austin, à Baltimore et à San Diego pour l'édition 2025. Notons ici l'évolution lexicale de la LPA : son tout premier nom, « Midgets of America », devint dans les années 1960 « Dwarfs and Midgets of America », avant de se transformer en « Little People of America » afin d'effacer toute référence aux mots à connotation potentiellement offensante pour les personnes de petite taille.

Dans la bibliothèque en ligne de la LPA, on trouve, outre des études médicales et sociologiques, des essais remarquables aux titres forts, provocants et émouvants : comme *Dwarfs Don't Live in Doll Houses* de Angela Muir Van Etten, *Walking Tall: Overcoming Inner Smallness, No Matter What Size You Are* de Peggy O'Neill, *Against Tall Odds: Being a David in a Goliath World* de Matt Roloff et Tracy Sumner, ou encore *In Our Hearts We Were Giants: A Dwarf's Family Survival to the Holocaust* de Yehuda Koren et Eilat Negev et *Little People: Big Lives* de Carole Lander. Quoi de plus utile, de plus vital pour les personnes de petite taille que des perspectives qui décloisonnent leur horizon, qui redisent avec force que rien ne leur interdit de vivre leur vie en grand et qu'un monde plus difficilement accessible ne signifie pas forcément un monde plus limité ?

Autoréalisation, conscience de sa dignité, solidarité : on pourrait librement traduire ainsi la trilogie américaine *Empowerment, Awareness, Community*. Ne pas consentir à des limites qui ne dépendent pas de soi, chercher toujours à actualiser ses potentialités, partager son humanité avec tous les autres humains. *Overcoming*

Inner Smallness, voilà le programme dit par le beau titre du livre de Peggy O'Neill. « Dépasser sa petitesse » intérieure, pourrait-on traduire, ou, plus justement, « dépasser l'intériorisation de sa petite taille », car cette intériorisation est à l'origine de l'autolimitation. Vingt ans après la fondation de la LPA, l'APPT a été créée avec la même vocation que la pionnière américaine : agir pour la reconnaissance et l'intégration des personnes de petite taille dans la société. « Désormais, nous voulons être considérés comme des êtres normaux et non plus traités par les employeurs comme des hommes de qualité inférieure », déclarait le notaire de petite taille Jean Brissé-Saint-Macary lors de la journée d'inauguration de l'association française en 1976. Depuis cinquante ans, les droits ont progressé, le combat continue.

Ce que nous dit l'ornithorynque

Tout le monde connaît cet étrange animal semi-aquatique qui semble fait de pièces disparates assemblées à la va-vite. Umberto Eco voyait en lui le prototype de la créature qui défie notre concept de catégorie et la propension naturelle de l'esprit humain à tout ranger sous son ordre inflexible. Confrontée à ce qui ne correspond pas aux normes en vigueur validées par le plus grand nombre, notre intelligence panique. Elle a tendance à rapporter ce qui la perturbe à ce qu'elle connaît déjà, évaluant l'écart par rapport à la norme, sans être curieuse de l'écart en lui-même.

Connaissez-vous la fable dont notre étrange ami est le héros ? Se sentant en marge du règne animal, un ornithorynque décide un jour d'aller voir les mammifères pour leur demander de le reconnaître comme l'un des leurs. « C'est impossible », lui répondent-ils en chœur : il a beau avoir des poils, il pond des œufs. Il va alors voir les oiseaux pour défendre sa cause, mais ceux-ci refusent de l'accueillir : il a beau avoir un bec et pondre des œufs, il n'a pas d'ailes. Toujours vaillant, il se rend enfin chez les serpents car, comme eux, il produit du venin et pond des œufs. Mais ces derniers le rejettent à leur tour : ils trouvent ses pattes de loutre horriblement inélégantes. En désespoir de cause, l'ornithorynque décide d'aller voir Dieu et Darwin, non pour se plaindre de son sort mais pour essayer de comprendre ce qui se passe dans la tête de ses congénères. Dieu lui dit: « Pardon, ne m'en veux pas, je ne t'ai pas fait comme les autres, tu es unique en ton genre. » Et Darwin à son tour le rassure : « Quelle chance tu as, tu es une créature HP, à haut potentiel, car tu as survécu depuis le Crétacé ». On retrouve une version de cette fable dans *Dieu, Darwin, tout et n'importe quoi*, un livre coécrit par l'éthologue Vinciane Despret et Pierre Kroll.

Deux postures bloquent, voire délégitiment la nécessaire mobilisation pour la normalisation de la condition des personnes qui souffrent de nanisme : le positivisme et la victimisation. La première posture croit trop aux miracles de la science ou de la recherche médicale et à l'évolution positive des mentalités. La seconde manipule trop facilement l'amer sentiment d'exclusion, parfois justifié, des gens qui en souffrent pour le convertir en combat digne de ce nom.

Même si les choses étaient sans espoir, il faudrait continuer à vouloir les changer. Or elles ne sont pas désespérées. Cela devrait donc redoubler l'engagement des personnes de petite taille et de tous ceux qui sont proches d'eux afin d'assurer et de protéger leur dignité sur tous les fronts : thérapeutique, professionnel, social, politique et culturel.

2.
Dans la vie des personnes de petite taille

« Il y avait un pépin : c'est moi, Anthony. »

Anthony Aubé, 41 ans, Vittel

Il n'oubliera jamais le faire-part de sa naissance rédigé par ses parents avant qu'il ne vienne au monde : « Les deux parents se sont aimés, ils ont croqué la pomme mais il y avait un pépin : c'est moi, Anthony, leur petit trognon qu'ils adorent. » Quarante ans plus tard, il a gardé ce petit message d'amour et l'a souvent tourné et retourné dans sa tête. Un travail que ses parents ont sans doute fait aussi, car ils en furent les rédacteurs et les premiers lecteurs. Le fils, qui est atteint d'une dysplasie spondylo-épiphysaire, ne saura jamais ce qui a pu se passer dans la tête des parents à ce moment-là.

Anthony préfère croire qu'il n'y a aucune amertume dans ce petit exercice de style, seulement une bonne dose de maladresse déguisée en humour : la pomme a des pépins qui à leur tour produiront des pommes, ainsi va le grand cycle de la vie. Mais il est suffisamment intelligent pour ne pas penser à l'autre interprétation : « Je suis un problème, une complication, un pépin pour mes parents. » Ce qui est objectivement vrai. Tout à la joie de la naissance, les parents n'ont pas mesuré l'impact que leurs mots auraient un jour sur leur fils quand il y repenserait. Pour annoncer un heureux événement, il y a des mots plus heureux que ceux qui furent adressés ce jour-là aux amis de la famille. Au moins Anthony s'en souvient-il, ce qui n'est pas le cas pour tous les faire-part de naissance.

Anthony aimerait être invisible, être oublié, qu'on lui foute enfin la paix avec son nanisme. Ses deux parents sont vraiment grands, plus grands que la moyenne nationale. Et lui, avec son 1,15 mètre, est plus petit que la moyenne des personnes de petite taille. Il aimerait aussi connaître la condition physique d'un mec en pleine possession de ses moyens. « Je ne connaîtrai jamais ce que c'est que de voir le toit de ma voiture, je ne sais pas ce que c'est que de pouvoir courir librement. » Nous faisons tous partie du même monde mais ne le vivons pas de la même manière. Cela dépend de notre condition qui, selon l'expression de Montaigne, est « merveilleusement corporelle ». Sa condition, Anthony a appris à la faire sienne ; un apprentissage raisonné, lent, laborieux, souvent douloureux mais aujourd'hui réussi. Il a toujours aimé nager, plonger, explorer les fonds marins. Enfant, il adorait le tir à l'arc. Aujourd'hui il est resté sportif, surtout depuis qu'il doit surveiller son poids pour ménager ses prothèses de hanches, une véritable libération pour lui. Le sport lui a fait accepter son corps et lui a progressivement donné envie de l'habiter, de l'aimer, de le cultiver. Alors que son autonomie de marche ne dépassait pas 500 mètres, il marche sans peiner plus de 10 kilomètres depuis son opération. Sa vie est moins « limitée », selon ses propres mots. À quel point il est dur de vivre en se disant chaque matin que sa vie est limitée par le handicap, voilà ce que les autres, ceux qui pensent leur vie sans limites, excepté l'ultime, ont du mal à concevoir. Enfant, ses parents lui expliquent, sans jamais rien lui imposer, que l'APPT existe, qu'il pourrait y trouver réconfort, soutien, conseils, amitiés. Il préfère se tenir à l'écart ; manquant encore de confiance en lui, il vit encore dans « la peur de lui-même », la plus sourde et la plus étouffante des peurs.

Le sport lui a fait accepter son corps et lui a progressivement donné envie de l'habiter, de l'aimer, de le cultiver.

Ne plus avoir honte de soi-même : voilà le sceau de la liberté. La sienne, c'est par son métier qu'Anthony l'a conquise. Aujourd'hui opticien, il a racheté la boutique de ses anciens patrons dans une petite commune entre Vittel et Nancy. Là, tout le monde le connaît, il est seigneur en son royaume. Tous apprécient son professionnalisme. Personne ne lui parle de sa dysplasie spondylo-épiphysaire. Personne ne le fantasme en « créature surgie d'un passé mythique ». Pas de regards troubles ou fourbes, pas de mots pensés sans être dits ou dits pour rabaisser. Comme tous ses semblables, il a connu le pire, et quand le pire s'invite, il ne l'accueille pas mais reste droit dans sa philosophie : « Je me tasse et passe mon chemin. » Une expression forte et brutale, pour dire clairement qu'il essaie de se faire encore plus petit qu'il n'est. Comme une tortue qui se mure dans sa carapace, un hérisson qui se roule sous sa herse de piquants.

« Buvez, éliminez ! » disait un célèbre slogan de l'eau minérale Vittel. Anthony a appris à éliminer ce qui lui a longtemps fait mal, la ritournelle des moqueries, le cirque des avanies. Il se souvient parfaitement de tous ces moments de transition, ces années charnières, véritables rites initiatiques où les plus vulnérables souffrent plus que les autres et servent de boucs émissaires à la meute qui se renforce à leurs dépens : le passage en sixième dans un nouveau collège où il faut à nouveau se faire respecter par des inconnus, le passage en quatrième où la guerre des petits mâles pour les filles est déclarée, les premiers entretiens professionnels où la vraie raison du refus des candidatures est rarement dite. À chaque changement de décor, à chaque nouvelle étape, il faut tout recommencer. Sans entretenir trop d'illusions sur un changement rapide des mentalités. Ce que l'on croyait acquis, à force d'intimité, s'effondre. Ce que l'on croyait conquis, à force de courage, s'évapore.

Anthony a appris à éliminer ce qui lui a longtemps fait mal, la ritournelle des moqueries, le cirque des avanies.

Enfant, il avait du mal à rester debout plus de vingt minutes. Sa pathologie lui vole la moitié de son CP, la moitié de sa troisième, lui fait redoubler sa seconde, le prive de la moitié des cours en classe de première et de terminale. Maintenant, il se sent prêt à encaisser tous les chocs, même s'il préfère les éviter et militer pour les éradiquer. Il reste tant à faire : éduquer l'opinion publique, former les voix médiatiques à toutes les pathologies du nanisme, pousser les pouvoirs publics à faire des vrais choix, des choix forts, politiques et humains, à faire enfin appliquer intégralement l'appareil législatif existant en matière de handicap et à pénaliser ce qui reste intolérable.

L'idée qu'on se débarrasse encore des personnes de petite taille ou qu'on occulte la réalité de leurs vies en pensant qu'ils sont juste de petite taille révolte Anthony. Et la disparité départementale dans la prise en charge du handicap pourrait le rendre fou. Est-on bien sûr que « la personne de la MDPH derrière son ordinateur pense vraiment à ce que veut dire conduire sa voiture quand on culmine à moins de 1,15 mètre ? » Telle est la question, insistante, inquiétante, irrésolue. Et pourtant si simple à résoudre. Le nanisme reste « le seul handicap dont on peut se moquer très ouvertement dans la rue » sans sanction. Cela aussi pourrait le rendre dingue, mais Anthony a choisi de vivre dans les Vosges, loin de l'irrespect des grandes villes. Il aime sortir mais a la grande sagesse d'éviter les terrasses de Nancy, surtout quand les clients ont deux grammes d'alcool dans le sang. Pourquoi s'exposer inutilement à la bêtise, souvent grégaire, ou à la blague potache, d'autant plus déplacée qu'elle est alcoolisée ? Il avoue avoir parfois été plus humilié dans les beaux quartiers que dans les quartiers chauds. On connaît la pensée d'Albert Einstein : « Le monde est dangereux à vivre. Pas à cause de ceux qui font le mal mais à cause de ceux qui regardent et laissent faire. »

À ce jour, Anthony estime avoir tout réussi. Sauf l'amour. De ce côté-là c'est morne plaine, « le calme très très plat », reconnaît-il. Il n'a personne dans sa vie. Parfois il s'en fait une raison, parfois cette solitude le rend triste. Il dit croire encore à une petite étoile. Pourquoi son étoile serait-elle petite ? « Les parents s'attendent tous à ce que l'enfant soit parfait et là ça été tout le contraire », dit Anthony en repensant à son étrange et pourtant si sincère faire-part de naissance. Faut-il être parfait pour avoir une vie digne de ce nom ? Le monde entier pourrait se mobiliser pour poser cette question. Ce serait déjà une première façon d'y répondre.

« L'obstétricien tique. »

Stéphane Audain,
57 ans, Lyon

Stéphane a deux enfants, Noé et Lilou. Après la naissance de sa sœur, Noé perd un peu de sa joie de vivre. Le jeune garçon, d'habitude si lumineux, semble s'assombrir. Sans doute sent-il le malaise de ses parents, le poids de leur silence et de leurs non-dits. Sans doute aussi éprouve-t-il cette jalousie ordinaire à la naissance d'une rivale qui vient de lui faire perdre son statut d'enfant unique. Son institutrice signale aux parents qu'il a l'air moins heureux à l'école, comme s'il traversait une passe difficile.

À huit mois et demi de grossesse, la toute dernière échographie de sa femme a fait « tiquer » l'obstétricien, d'après les mots de Stéphane. Le rendez-vous était pourtant classique, de routine presque : le premier accouchement ayant été déclenché, pourquoi en irait-il autrement du deuxième ? Or le spécialiste tique sur la mesure des os, fronce les sourcils, reste un moment dubitatif. Pas anxieux, mais dubitatif, perturbé. Puis il demande une radio complémentaire, en ponctuant sa requête de mots objectifs dont il ne mesure pas forcément l'effet dévastateur sur les parents. « On a un souci, il y a une chute de croissance anormale depuis la dernière échographie. » On, qui on ? Le pronom indéfini neutre est ravageur : les seuls qui ont vraiment un problème, ce sont les parents, et celui-ci ne se résout pas aussi facilement qu'un problème mathématique. Très vite, l'obstétricien formule deux hypothèses et une solution : suspicion de nanisme ou de trisomie et IVG. Comme si l'IVG était la solution universelle, quel que soit le handicap.

« On a un souci, il y a une chute de croissance anormale depuis la dernière échographie. » On, qui on ? Le pronom indéfini neutre est ravageur.

Seize ans après les faits, la violence du choc est encore vivace, tenace, irréductible. Un voile sombre tombe sur ce qui devait être un heureux événement. Il y a des circonstances qui rendent les expressions consacrées un peu ridicules et, ce jour-là, Eva et Stéphane doutent de l'heureux événement. Le couple rentre à la maison, plombé par des milliards de questions. La nuit est longue, agitée, les questions tourbillonnent sans réponse. On continue ? On arrête tout ? Comment accueillir un enfant handicapé ? En sommes-nous capables ? Serons-nous à la hauteur ? L'enfant sera-t-il viable ? Que veut dire viable ? Va-t-il souffrir toute sa vie ? À partir de quel degré de souffrance la vie devient-elle moins viable ? Qu'est-ce qu'une vie digne de ce nom ?

« Aujourd'hui les enfants de petite taille sont bien dans leurs baskets. »

Les beaux-parents et les parents de Stéphane ont débarqué dans l'appartement familial du quartier Saint-Just de Lyon. Présence réconfortante mais de peu d'aide pour répondre aux questions, d'autant que le couple préfère ne pas les consulter. Mais il vaut mieux des parents qu'on ne consulte pas que des pages Internet consultées frénétiquement dans l'espoir d'éclaircir un peu les choses. Quand le pire semble certain, la recherche via Google confirme souvent le pire et le déluge d'informations sur différentes formes de handicaps et de maladies, absorbées sans recul ni perspective, est le pire accélérateur de confusion et d'angoisse.

Le lendemain de la nuit blanche, un professeur du service de néonatalité de l'hôpital de la Croix-Rousse confirme le diagnostic du nanisme, précisant que l'enfant sera achondroplase, ensuite en redonnant confiance à Stéphane : « Aujourd'hui les enfants de petite taille sont bien dans leurs baskets. » Le père qui, la veille encore, se demandait à quoi ressemblerait son enfant – à quoi, pas à qui, la nuance est de taille –, sait maintenant qu'il sera de petite taille. Il ou elle ? Lors de la dernière consultation, l'obstétricien avait annoncé au couple que pour « garder la magie », il était préférable de ne pas savoir et que, quoi qu'il arrive, le sexe ne changerait rien à l'affaire.

Quelle délicate attention, merci monsieur. Le sous-texte du spécialiste, le voici : « Gardez donc un peu de surprise, vous qui allez bientôt en avoir une mauvaise. » Tout cela, bien sûr, dit par maladresse plus que par malveillance.

Quinze jours plus tard, la magie opère : deux grosses billes bleues, un bébé d'amour, Lilou est là. Quinze jours après la naissance de sa sœur, Noé avait croisé une personne de petite taille dans la rue et l'avait fait remarquer à ses parents. Comme s'il avait voulu, par cette rencontre fortuite, les pousser à lui dire la cause du malaise qu'il percevait dans la famille. Remarquable prescience des enfants. « L'enfant a toujours l'intuition de son histoire. Si la vérité lui est dite, cette vérité le construit », écrit Françoise Dolto. Stéphane et Eva choisissent d'annoncer à leur fils qu'il aura une sœur que sa pathologie empêchera de grandir. La parole libère à la fois celui qui la porte et celui qui la reçoit. Noé retrouve presque aussitôt le sourire, les parents respirent mieux.

« L'enfant a toujours l'intuition de son histoire. Si la vérité lui est dite, cette vérité le construit », écrit Françoise Dolto.

Les premiers mois de Lilou ne sont pas faciles pour autant. Stéphane se souvient qu'elle met sa mère à rude épreuve. Lilou pleure beaucoup. Reflux gastriques ? Autres douleurs ? Le bébé a-t-il senti l'inquiétude de sa mère pendant le dernier mois de sa vie intra-utérine ? Au bout de trois mois, Eva et Lilou « s'apprivoisent », selon les termes du père. La mère apprend à ne plus avoir peur de ne pas savoir comment aimer sa fille. Puis le long parcours de santé de l'enfant commence. Les pédiatres prennent le relais du service de néonatalité. À 18 mois, elle est opérée du trou occipital, *foramen magnum* – en latin c'est plus joli –, à l'hôpital Necker. S'ensuivront toutes les complications ORL : végétations, amygdales, appareillages. Et, plus tard, le réaxage des chevilles, la surveillance du cartilage, le plâtre des deux jambes jusqu'aux hanches, les longues séances de rééducation qui, pour faciliter encore les choses, ont lieu pendant les confinements sanitaires de la Covid-19.

À 7 ans, Lilou participe à la Course des héros, rendez-vous annuel qui regroupe plus d'une centaine d'entreprises et d'association. Son père en parle encore, la voix tremblante. « Je ne suis pas toute seule », lui dira sa fille après l'exploit. Cette simple déclaration est déjà une victoire. Stéphane sait qu'il faudra encore traverser de nombreuses épreuves, mais aussi que toutes les victoires sont possibles. Souvent il se demande comment fait Lilou pour tout mener de front : ses études, ses cours d'équitation, sa piscine du jeudi soir, ses séances de kiné, ses amis. La force des enfants reste un mystère, même pour les parents qui les aiment. Vous comprendrez donc que ce n'est pas un regard moqueur ou une blague minable qui dérouteront Lilou de son chemin. Elle a autre chose à faire qu'à décoder les nuances des regards malveillants à son égard. Le regard est-il insistant ou hostile ? Intrigué ou discriminant ? Inquiet ou inquisiteur ? Oui, elle a décidément plus urgent à faire que de cataloguer les regards mal intentionnés qu'elle peut croiser.

Ce n'est pas un regard moqueur ou une blague minable qui dérouteront Lilou de son chemin.

Un seul scandale la révolte vraiment, les photos volées ! À l'image de sa fille, le père n'a pas toujours envie de faire la guerre au lexique. Il y a tellement de combats à mener. Et puis cela dépend de l'humeur de chacun, l'élan combatif d'un jour pouvant se dissiper le lendemain. Il faudrait sans doute bannir le mot « nain », au moins dans son application aux personnes –, car les nanoparticules, le jeu qui s'appelle le Nain jaune ou les teckels nains ne se sentiront jamais offensés dans leur dignité quand on les désigne ainsi.

Bannir, vraiment ? Non, car un interdit n'a jamais créé une nouvelle culture. C'est l'ignorance qu'il faut combattre, l'ignorance mère de l'indifférence et du mépris. Stéphane est loin d'être un idéologue, ce n'est certainement pas à lui qu'il faudrait demander de concevoir la liste des mots bannis, comme il existe désormais aux États-Unis une liste des livres bannis. Comme tous ceux qui ont appris à vivre avec le handicap, l'homme est lucide, réfléchi, tolérant, juste. S'il est vrai que les limites de notre langage sont les limites de notre monde, il sait qu'il faut réformer notre langue ordinaire car il connaît la charge destructrice des mots, ceux qui blessent et ceux qui soignent. Il sait aussi que la pédagogie du handicap et la rééducation lexicale seront longues, comme tous les apprentissages vraiment utiles. « Nain », mot aussi court que ce qu'il désigne, occulte la personne sous le masque, colle le costume fantasmatique ou imaginaire du lutin, de l'elfe, du gnome ou du bouffon sur le corps handicapé. Le mot grec *nanos*, qui donne *nanus* en latin, ne dit pourtant rien d'autre que « petit ». « Personne de petite taille », malgré le mérite de l'objectivité, est paradoxalement long à dire. À ce jour, Stéphane a eu la chance de ne jamais entendre sa fille traitée de naine, ou plus exactement, comme c'est souvent le cas, de petite naine, humiliant pléonasme qui a priori ne devrait humilier que celui qui le profère.

C'est l'ignorance qu'il faut combattre, l'ignorance mère de l'indifférence et du mépris.

Quand, dans un bowling, un groupe d'adolescents a un jour pris une photo à la dérobée de Lilou, sa mère a aussitôt demandé aux voleurs d'effacer leur butin. Fermement mais sans colère ni invective. Comme sa fille, Stéphane a tendance à faire le dos rond, l'autruche presque. Passer son chemin quand on croise des imbéciles, n'est-ce pas la plus intelligente façon d'avancer ? Et les regards obliques, ce sont ceux qui regardent de travers les handicapés, ceux qui n'ont pas les yeux en face des trous, voilà tout. Pour quelques regards malveillants, on ne va quand même pas crever les yeux de tout le monde.

À l'école, Lilou n'a pas connu la moquerie ou la blague blessante, ou si peu. Nous ne vivons pas dans le meilleur des mondes possibles, mais pas dans le pire non plus. Elle rêve de devenir infirmière et de travailler avec les enfants. Du haut de son 1,22 mètre, elle voit sereinement son avenir et, à 16 ans, sait que sa croissance n'est pas finie même si elle dit avec humour ne pas trop compter sur elle. Joviale, joueuse, empathique, elle confirme chaque jour l'oracle du professeur du service de néonatalité de l'hôpital de la Croix-Rousse : « Les personnes de petite taille sont bien dans leurs baskets. » Pourtant, son père se demande souvent comment elle a fait pour traverser toutes les épreuves que la vie lui impose. Où va-t-elle chercher cette force ? D'où lui viennent ses incroyables ressources ? Elle seule le sait, mais une chose est sûre : elle ne veut impressionner personne, pas plus être un modèle de courage que de vertu. Elle veut juste vivre une vie de jeune fille, avec ses doutes, ses émois, ses rêves, ses espoirs. Elle veut qu'on la laisse aller son chemin, que personne ne la regarde, ne la remarque même, sauf quand elle l'aura décidé. Et son père rêve qu'un jour sa fille ne sente plus sa différence au quotidien. Sa fille et tous les autres handicapés. En attendant, il ne lui pose aucune limite. Les limites, c'est son corps et seulement lui qui les lui dicte. Lilou au nom si léger et fleuri, la vie est devant toi.

Elle veut qu'on la laisse aller son chemin, que personne ne la regarde, ne la remarque même, sauf quand elle l'aura décidé.

« Vous pensez vraiment que j'aurai grandi dans cinq ans ? »

Katia Baric, 35 ans, Toulouse

Katia est éducatrice, elle a toujours voulu s'occuper des autres, faciliter leur vie quotidienne, briser un peu leur solitude. Pendant sa formation professionnelle, elle a fait un stage avec des personnes handicapées mentales. Elle se souvient des petits coups de tête que lui donnaient les adultes autistes non verbaux pour lui témoigner leur affection. Cette rencontre la conforte dans son engagement à reconstruire la dignité des vies diminuées.

Au contact des accidentés de la vie, Katia s'occupera aussi de personnes « mangées par l'alcool ». Elle comprend que l'attention et la considération sont une formidable médecine. Ce qu'elle a longtemps donné aux autres en région parisienne, où elle était « montée », comme disent tous les méridionaux, pour suivre son amoureux, elle le donne aujourd'hui dans le Gers, son pays de cœur et de naissance. Elle repense à son enfance heureuse à Vic-Fezensac, petite commune de feria de Pentecôte et de salsa estivale dans le pays d'Auch. Elle entend encore les mots de deux élèves, pas vraiment de la région croit-elle se souvenir, qui, jouant les petits caïds pour leurs camarades, l'accueillent dans la classe avec un tonitruant : « C'est pas le pays des nains, ici ! » Sa mère enseignante fonce illico chez le proviseur, qui demande l'exclusion des deux héros et n'accepte leur retour à l'école qu'après une double lettre d'excuses, à Katia et à ses parents.

Elle comprend que l'attention et la considération sont une formidable médecine.

Aujourd'hui, la jeune mère se bat pour que son fils Louca, 7 ans, achondroplase comme elle, reste dans une classe au rez-de-chaussée pour sa prochaine rentrée scolaire. Le père de Louca, ingénieur chez un sous-traitant d'Airbus à Toulouse, n'est plus de ce monde. Il est parti quand son fils avait 5 ans. Lui aussi était achondroplase.

En évoquant son premier amour, Katia repense à tout ce qu'elle a partagé de beau et de moins beau avec lui. Nous tairons le beau, car il leur appartient ; au chapitre du moins beau, cette première grossesse pendant laquelle l'échographiste lui annonce au sixième mois que son enfant n'est pas viable. Mais c'est moins l'annonce, statistiquement probable, qui la choque, que les termes de celle-ci : « Bon, j'ai assez mis le bazar dans votre tête… je peux y aller maintenant ? » La phrase de l'échographiste crée un tel bazar dans la tête de Katia que, pour la première fois de sa vie, elle fait une dépression sévère qui durera six mois. La vie reprend ses droits, la deuxième grossesse de Katia sera plus heureuse.

La phrase de l'échographiste crée un tel bazar dans la tête de Katia que, pour la première fois de sa vie, elle fait une dépression sévère qui durera six mois.

Louca naît dans l'euphorie des parents. Quand le père de Louca disparaît, Katia soupçonne à nouveau la vie de douter de ses droits, comme si elle insistait pour ne pas gagner la bataille. Surmontant son chagrin, Katia comprend alors que cette bataille, elle devra la mener seule. Seule et pour son fils. Sa deuxième famille, l'APPT, devient plus importante que jamais, et dans l'épreuve Katia gagne le soutien indéfectible d'Alexis, Nathalie et Violette. Aujourd'hui déléguée de sa région, elle sait ce que veut dire écouter, accompagner, réconforter, et elle continue à avancer car, malgré le vertige du manque et l'amour disparu, elle se sent forte. Elle ne laissera plus rien passer ! Les engagements non tenus, les déclarations politiques électoralistes, la fausse compassion, l'inertie administrative, l'indulgence ordinaire face aux discriminations, l'indifférence publique face aux ségrégations… Rien ! Dès le mois d'avril, pour préparer la rentrée au CP de Louca, elle évalue, avec la directrice de son école de quartier à Toulouse, les aménagements minimaux à envisager pour son fils : petit WC, estrade pour accéder aux lavabos, portemanteau plus bas, chaise adaptée pour le réfectoire, rien de colossal. La commande est passée aux services techniques de la mairie mais, le jour de la rentrée, rien n'est en place. La mère se fait furie, écrit au maire, menace de faire un scandale dans la presse. Le lendemain, ou presque, les agents municipaux sont à l'école, tout est réglé. Donc, voilà ! Ainsi vont les choses. Tout se gagne par le combat et l'obstination plus que par la considération mutuelle.

Quand elle apprend qu'un « combat de nains » est organisé dans une boîte de nuit de sa ville, Katia est révoltée ! Bien plus encore que lorsqu'une bande de jeunes, grisée par des photos volées, la poursuit un jour jusque dans l'entrée de l'hôpital de Toulouse où elle est venue passer ses examens de contrôle. L'APPT réagit aussitôt et fait pression sur le maire de Toulouse, dont l'arrêté municipal mettra un terme à l'événement. Katia conclut sans triomphalisme : « Sommes-nous à ce point des bêtes de foire ? » Un sursaut collectif qui aura, ne serait-ce qu'un instant, fait reculer l'appât du gain, le voyeurisme, la violence… et la bêtise. Chaque fois qu'elle doit repasser devant la commission départementale pour renouveler le barème d'invalidité qui lui donne la pleine jouissance de ses droits sociaux, elle pose la même question aux agents qui l'écoutent plaider son cas : « Vous pensez vraiment que j'aurai grandi dans cinq ans ? » On ne sait jamais, certains agents pensent peut-être que les pathologies du nanisme sont réversibles…

Katia conclut sans triomphalisme : « Sommes-nous à ce point des bêtes de foire ? »

Aujourd'hui, Katia a reconstruit sa vie avec Anthony, son nouvel amour, et tous les trois s'installeront bientôt dans une jolie maison en construction à côté de Toulouse. La vie est à nouveau pleine de promesses, et c'est à trois qu'ils vont la croquer ! Katia a vu récemment *Le Roi Lion* avec son fils, elle adore les romans de Guillaume Musso, aime lire des grandes biographies, avoue être fan de la série *Lupin* avec Omar Sy et se réjouit d'attaquer bientôt la série britannique *Adolescence*, écrite pour Netflix par Jack Thorne et Stephen Graham. Dans quelques années, Louca lui demandera de la revoir avec lui ; il aura un peu grandi, pas beaucoup plus, mais l'amour de sa mère l'aura rendu plus fort.

« Sa sœur aînée nous dit : je me sens orpheline. »

Stéphane Bourdin, 53 ans, Nogent-sur-Marne

Le père dit : « Elle est comme moi, mais en réduction. » Étrange mais sincère expression. Lui, c'est Stéphane, elle, Clémence. La jeune fille vient d'avoir 20 ans et mesure 1,21 mètre. Son rayon d'action ? Cent mètres. Si le père ne s'était pas permis d'employer cette expression pour faire comprendre crûment le handicap de sa fille, nous ne l'aurions pas reprise à notre compte. Cent mètres, c'est la distance que la jeune fille peut parcourir seule en marchant. Au-delà, elle peine et a besoin de l'assistance d'un fauteuil. Pour que les choses soient bien claires, Stéphane, qui se qualifie lui-même d'esprit très cartésien, convertit l'épreuve de sa fille à l'échelle d'une personne de taille classique : cela reviendrait à marcher 10 kilomètres sans pause.

Tout est normal à la naissance de Clémence, les parents sont heureux d'accueillir une deuxième fille quatre ans après sa grande sœur, la famille se réjouit. « L'enfant, c'est de la gaieté sainte et du bonheur sacré », notait Victor Hugo dans *Les Rayons et les Ombres*. Aucune ombre au tableau jusqu'à 18 mois. Puis tout bascule. La jeune enfant, très éveillée et ouverte, se plaint de douleurs aux genoux, ne reste pas debout très longtemps, se déplace en roulant sur le sol, contournant ainsi déjà ce qui la gêne dans la station debout. Le père lui trouve les doigts un peu courts, remarque des bourrelets à ses poignets. Peut-être est-elle simplement un bébé dodu et potelé comme tous les bébés, ou plutôt comme toutes les images publicitaires du bébé idéal à pouponner ? Il ne s'alarme pas outre mesure mais préfère consulter. Rendez-vous est pris en neurologie au Kremlin-Bicêtre. Les spécialistes soupçonnent d'abord une maladie de Morquio ; première hypothèse terrible, funeste, funèbre même car on annonce au couple que leur petite fille pourrait bien

Cent mètres, c'est la distance que la jeune fille peut parcourir seule en marchant.

être morte à 20 ans après être devenue tétraplégique. On est loin du bonheur qui s'annonçait. La malade de Morquio, dont le simple nom a déjà de funèbres sonorités, est une ostéodysplasie spondylo-épiphyso-métaphysaire dont les signes, qui apparaissent vers l'âge de 1 an, sont entre autres des troubles de la marche, une cyphose thoracique, une laxité ligamentaire... signes qui sont, quand ils s'accumulent, autant de mauvais présages. Pour Clémence, il ne s'agit que d'une présomption mais celle-ci suffit à faire basculer la vie de ses parents. Les médecins hésitent, annoncent un tableau clinique trouble. Temps de doute qui décuple l'angoisse du couple et ouvre la voie aux recherches, plus inquiétantes encore, sur la clinique de la maladie de Morquio. La nature a horreur du vide, la volonté de savoir aussi. Et en cas de panique, le déluge d'informations récoltées en ligne prélude souvent au désespoir. On imagine soudain que le pire est certain, on s'y prépare même, dans la mesure où il est possible de se préparer au pire. Mais, soulagement imprévu et fragile, les spécialistes abandonnent la piste neurologique pour orienter les recherches vers la piste orthopédique. L'hôpital Necker pose enfin le diagnostic. Nommer les choses apaise. « Votre fille ne sera pas très grande », annonce le médecin. Oui, pas grande, mais à quel point ? Pas très grande ou pas grande du tout ? Pas très grande ou carrément petite ? À partir de quelle taille la petite taille devient-elle un handicap ? Quelles seront toutes les pathologies associées à sa taille ? L'angoisse s'est un peu dissipée, mais l'enfer des questions prend vite le relais. Désarroi, vertige, tristesse cohabitent dans la tête des parents avec le courage et le désir furieux de se battre pour leur fille. Au moins, le diagnostic n'est pas létal.

Oui, pas grande, mais à quel point ? Pas très grande ou pas grande du tout ? Pas très grande ou carrément petite ?

Clémence est atteinte de pseudo-achondroplasie, une pathologie rarissime, « epsilonienne », dira le père, forgeant ce néologisme sans doute pour amortir le choc de la mauvaise nouvelle. Mais la pathologie est là, lourdement là, même si l'expression paternelle laisse penser qu'elle existe à peine, qu'on pourrait presque la réduire à néant. La maladie de Clémence se déclare à 2 ans, le gène qui code le cartilage a dysfonctionné. Quand le père comprend que la pathologie de sa fille est irréversible, il reconnaît que « tout s'écroule un peu quelque part ». Pour ajouter aussitôt : « Mais c'est la vie. » La vie est plus solide que ce qui s'écroule, elle tient le choc ; nos rêves, nos illusions, nos espoirs, nos idéaux peuvent fondre comme neige au soleil, la vie se maintient, s'accroche, insiste.

Quand le père comprend que la pathologie de sa fille est irréversible, il reconnaît que « tout s'écroule un peu quelque part ».

Il arrive pourtant que la vie parfois s'écroule, que les êtres s'effondrent. Mais les parents doivent faire face, c'est leur rôle, leur devoir, ce que la société et la famille attendent d'eux. Les parents de Clémence répondent parfaitement à l'appel, réorganisent leur vie autour de leur fille, à tel point que leur aînée en souffre et leur déclare un jour qu'elle se sent orpheline. L'une se sent orpheline, l'autre se demande si elle est seule dans son cas. Toutes les enfances ne sont pas tendres et innocentes.

La grande affaire que le père pense avoir ratée, c'est de n'avoir pas été suffisamment attentif à sa fille aînée, accaparé qu'il était par la benjamine. Accaparé, est-ce le bon mot ? Réquisitionné, mobilisé, chamboulé plutôt. Oui, il faut faire très attention à la fratrie, à la bombe à retardement que peut provoquer l'irruption d'un enfant handicapé dans le petit ordre familial. Sa femme se jette, elle aussi, dans la bataille, compensant les moments de faiblesse de son mari qui, en retour, la relance dans la vie quand elle fléchit. « Un couple heureusement contracyclique », dit le père, qui n'hésite pas à utiliser un adjectif financier. Est-ce parce qu'il travaille dans une banque ?

À 20 ans, Clémence peut marcher mais son confort passe par le secours du fauteuil, un fauteuil qui lui épargne des douleurs et la protège des moqueries. A priori, on ne tire pas sur une ambulance, pas plus qu'on ne rigole quand une jeune fille passe en fauteuil. Contrairement au « nain » qui trottine joyeusement nez au vent dans la rue, comme le veut le cliché, le fauteuil impose le respect, parfois la sollicitude et à défaut l'indifférence. À ce jour, Clémence refuse toujours le fauteuil électrique. Ses parents louent pour elle un appartement où ils vivent avec elle la semaine, rue Jean-Bart, à deux pas de l'Institut catholique de Paris. Pour leur fille, chaque pas compte, donc deux pas, c'est un peu de souffrance en moins. Jean Bart, le célèbre corsaire de Louis XIV, était « sobre, vigilant et intrépide ; aussi prompt à prendre son parti que de sang-froid à donner ses ordres dans le combat », écrit de lui son biographe. La jeune fille ne se rêve pas pirate mais aimerait mettre son intelligence au service des droits humains, des femmes, des minorités, travailler pour des organisations internationales ou des associations qui luttent partout dans le monde pour la dignité humaine. Le week-end, l'intrépide de la rue Jean-Bart rentre avec ses parents dans le nid familial. Son père rêve qu'un jour elle soit autonome, ait confiance en elle. Le rêve de tous les parents. Il renverserait ciel et terre pour elle, comme sa femme. Ensemble, ils ont franchi tant d'obstacles. Comme ce jour où la MDPH a refusé le dossier de Clémence, pourtant validé et fortement soutenu par l'hôpital Necker. Sa femme a alors plaidé la cause de sa fille devant une commission qui lui a semblé plus proche d'un tribunal de 20 personnes que d'une chambre d'enregistrement administrative.

A priori, on ne tire pas sur une ambulance, pas plus qu'on ne rigole quand une jeune fille passe en fauteuil.

Le mot « nain » résonne mal aux oreilles de Stéphane, il lui vrille même le cerveau, et lui qui est pourtant si cartésien devient intolérant quand il l'entend, car il connaît la souffrance et les batailles au quotidien que la pathologie entraîne. Les imaginaires de Wagner, de Disney et de Tolkien, il les connaît, peut même les aimer. Mais sa fille n'est ni Alberich, le roi des Nibelungen qui veille jalousement sur l'or du Rhin, ni Atchoum, Grincheux, Joyeux, Dormeur ou Prof, et encore moins Gimli à la hache massacreuse et à la barbe fleurie dans *Le Seigneur des anneaux*. Sa fille est sa fille, elle s'appelle Clémence, il l'aime. Et il espère secrètement que son prénom la protégera toujours de l'injustice et de la violence du monde.

« Je me suis toujours méfié des Je-sais-tout. »

Arnaud Caille, 47 ans, Paris

Il sait la chance qu'il a. Son enfance heureuse à Migennes, dans l'Yonne, son appétit de vivre, ses parents imprimeurs qui l'élèvent comme un enfant classique, adaptant très peu la maison familiale à sa petite taille. L'enfant comprend ainsi tout jeune que ce sera à lui de s'adapter au monde, pas l'inverse.

Arnaud entreprend des études secondaires dans les industries graphiques à Montereau, puis aux Gobelins, en alternance dans une imprimerie située aux portes du Morvan. Au tout début des années 2000, départ pour une imprimerie en région parisienne, dans laquelle il fait de chouettes rencontres, notamment un chauffeur de taxi qui lui permettra de louer puis d'acheter son appartement rue de Charenton. Il ne l'adaptera pas non plus à sa taille. Le fils est fidèle au principe des parents.

Aujourd'hui, Arnaud a 47 ans et mesure 1,30 mètre. Il peut marcher 9 000 pas sans douleur, avoue faire un peu trop la fête, surveille son poids. Les statistiques s'accordent pour considérer que 6 000 pas par jour sont indispensables pour se maintenir en forme et que, à partir de 10 000 pas, on peut commencer à perdre un peu de poids. Mais Arnaud n'est pas du genre à garder le nez collé sur les statistiques, il préfère être étonné par la vie, se laisser surprendre par l'ordinaire des jours qui, si on leur fait confiance, savent nous être favorables. « Ah, la joie de ce travail dont nul ne vient à bout : vivre ! » notait Christian Bobin qui, comme Arnaud, aimait la Bourgogne, même s'il ne vivait pas dans l'Yonne mais dans la proche Saône-et-Loire. Ce métier de vivre, Arnaud l'adore et l'exerce avec talent. Sa voix porte, sa barbe donne du poids à ses mots, son regard est clair, sa parole volubile, un large sourire traverse souvent son visage.

L'enfant comprend ainsi tout jeune que ce sera à lui de s'adapter au monde, pas l'inverse.

Arnaud s'est toujours méfié des «Je-sais-tout», une expression de son cru pour désigner ceux qui, par exemple, lui ont expliqué qu'il était fou de prétendre à 40 ans à un poste d'intérimaire à la SNCF. Ce poste, il l'a non seulement obtenu, mais il l'a occupé brillamment bien au-delà de la période prévue. Les «Je-sais-tout» sont des massacreurs de chance, des angoissés de la surprise. Ils expliquent les choses avant de les avoir vécues, pour être sûr de ne pas avoir à les vivre. Arnaud n'a pas d'enfant, n'a jamais «réellement» vécu en couple – nous jetterons un voile de pudeur sur cet adverbe. Aujourd'hui, il vit seul et dort le plus souvent accompagné de son masque nasal de Dark Vador contre l'apnée du sommeil, mais il laisse la porte ouverte à la rencontre, l'inespérée que toujours chacun de nous espère. Devant son appétit de vivre, sa généraliste est parfois un peu inquiète mais se contente de lui rappeler, par exemple, de ne pas faire des orgies de foie gras à l'armagnac ou de clafoutis aux pruneaux d'Agen quand il passe quelques jours chez des amis à Marmande. Elle sait à qui elle parle : Arnaud ne comprend toujours pas ceux qui achètent une bonne bouteille de vosne-romanée ou de meursault et qui la gardent religieusement en attendant la belle occasion pour l'ouvrir. Et s'ils devaient mourir avant d'avoir goûté leurs élixirs ? Le vin est bon quand on le boit, la vie est belle quand on la vit.

Les «Je-sais-tout» sont des massacreurs de chance, des angoissés de la surprise.

Outre son rôle de membre actif de l'APPT, il est bénévole dans un comité des fêtes en Bourgogne à Appoigny, la ville de Guy Roux, à quelques kilomètres d'Auxerre. C'est quand même plus drôle de passer une soirée à table avec des convives de qualité que de passer sa nuit sur des applis à se faire d'hypothétiques amis ou à fantasmer sur des amours précaires... Arnaud tient les réseaux sociaux pour des réseaux a-sociaux. Il n'a jamais senti que sa petite taille l'empêchait de faire quoi que ce soit. Sa vie ne lui a jamais paru limitée, il ne s'est jamais rien refusé non plus. Plus jeune, il a eu la chance de faire du ski, du quad, même si, avec l'âge, il avoue être devenu beaucoup moins sportif. Le moment où il se sent le mieux dans une journée ? C'est quand il est comme « fondu dans le paysage ». Là, pas en dessous ni à côté, juste là, avec les autres, comme un autre. Une différence objective mais pas visible. Il ne veut pas qu'on l'oublie mais simplement qu'on ne le voie plus.

Quand la réalité, souvent plus rude, le rappelle à l'ordre, il ne s'en offusque pas outre mesure, il sait bien que la réalité est ce qui continue à exister même quand on a cessé d'y croire. « Oh, le petit nain ! » Cette expression redondante qui, quand il se balade, siffle à ses oreilles avec une rigueur de métronome, le fait sourire au moins autant que « gros obèse », même si on l'entend moins fréquemment. Sa sagesse enjouée lui commande, dans la plupart des cas, de ne pas relever toutes les avanies du jour, sous peine d'être cuit à la fin de la journée, « mentalement et physiquement cuit ». Arnaud aime rire, surtout de lui-même, mais si la blague dérape il recadre vite l'apprenti comique et siffle la fin de la récréation. On peut rire de tout, mais à condition que les comiques soient doués et n'essaient pas de flatter leur public médiocre à bon compte.

Le moment où il se sent le mieux dans une journée ? C'est quand il est comme « fondu dans le paysage ».

Enfant, Arnaud rêvait d'être un jour chauffeur routier, de se sentir fort à la tête d'énormes et increvables machines avalant des milliers de kilomètres sans défaillir, toisant les paysages les plus sublimes du haut de sa cabine, inspirant le respect à tous ceux qui le croiseraient. Un héros entre *Mad Max* et *Easy Rider*. Ses parents le détournent subtilement de son rêve, lui expliquant qu'un autre chemin serait préférable, la mécanique par exemple. Est-ce complètement un hasard si, après ses débuts dans l'imprimerie, Arnaud a changé de voie pour s'occuper aujourd'hui du suivi et de l'entretien de flottes automobiles d'entreprises ?

Il travaillera encore environ une dizaine d'années, peut-être même changera-t-il de job, puis une nouvelle vie, ailleurs, commencera. Il aime le Morvan mais rêve maintenant de vivre sur la côte atlantique. À ce jour, il ne sait toujours pas s'il préfère le Finistère, le Morbihan, la Vendée, les Landes ou les Pyrénées-Atlantiques. Ce qui lui plaît, ce sont les nuances du ciel, les caprices des vents, les mouvements de la mer et les nuages, les merveilleux nuages. Quand il sera là-bas, il oubliera que dans l'Yonne il a réussi à obtenir un macaron à durée illimitée pour le stationnement handicapé alors que l'un de ses amis, dans la Nièvre, pourtant limitrophe, jongle avec un macaron provisoire. Un jour, sans doute, la vie administrative des personnes de petite taille sera plus simple et leur statut harmonisé dans tous les départements français. Arnaud se lève, son récit s'achève, nous ouvrirons une bouteille de prosecco rosé pour fêter le soleil qui se couche. Un dernier mot : il dit aimer lire mais avoue ne pas lire, curieux et prometteur paradoxe. On pense à ces mots de son voisin de Bourgogne, Christian Bobin : « Oui, c'est un pur miracle que par des mots enterrés dans des livres, on puisse raviver une source, rafraîchir un jardin. » Cette source, Arnaud sait où elle est.

Un jour, sans doute, la vie administrative des personnes de petite taille sera plus simple et leur statut harmonisé dans tous les départements français.

« Passer
de Passe-Partout
à Tyrion,
c'est déjà un progrès. »

Alexi Dajean,
27 ans, Dublin (Irlande)

Il est devenu irlandais sans aimer le whisky ni la Guinness. Il leur préfère son amoureuse insulaire pure souche, les lacs du Kerry, les falaises du Donegal, les ruines des îles Skellig ou l'archipel d'Aran. Enfant, il voulait devenir marin pêcheur. Une vingtaine d'années plus tard, il vit à Dublin, après une escale à Cork. Il n'est pas marin mais protège les milieux aquatiques, les lacs, les rivières, les littoraux. La mer, toujours.

On l'appelle souvent Tyrion, à cause de son 1,38 mètre et de sa légère ressemblance avec le héros de la famille Lannister dans *Game of Thrones* mais, contrairement à lui, il n'est pas rejeté par son père ni méprisé par sa sœur à cause de sa petite taille. C'est tout l'inverse : ses parents l'adoptent à l'âge de 4 mois, sa sœur sera également adoptée après lui, à l'âge de 1 an.

Alexi rêve qu'un jour le nanisme ne représente qu'une simple différence de taille, sans son cortège de pathologies et de discriminations. Ce qui supposerait que la science et la médecine aient éradiqué tous les troubles associés au nanisme et que plus aucun regard ne réduise les personnes de petite taille à une dimension infra-humaine. Nous n'en sommes pas là, mais Alexi est confiant, c'est sa force. « Je crois en l'homme », dit-il.

Alexi est confiant, c'est sa force. « Je crois en l'homme », dit-il.

Il croit aussi aux vertus de l'éducation et du temps. Le jour où les personnes avec quelques centimètres en moins n'auront plus besoin d'une institution pour les représenter marquera la reconnaissance universelle du nanisme, sa contribution ordinaire à l'humaine condition. Ce jour-là, l'APPT aura rempli sa mission et l'on se souviendra avec émotion du formidable boulot de tous ses bénévoles et de la personnalité de ses présidents successifs. Avec humour, l'homme de Dublin rappelle « qu'il y a des causes plus grandes que celle des personnes de petite taille ».

Alexi a été élevé avec sa sœur dans la vallée de Chevreuse, havre de paix et de douceur loin de la fureur de la ville, avec un principe simple : tu te débrouilles seul autant que tu peux. Au lycée, il se souvient qu'une fille le trouvait mignon mais lui a vite fait comprendre qu'elle le trouvait vraiment trop petit pour envisager quelque chose d'intéressant avec lui. C'est à peu près la seule contrariété qu'il a subie dans son adolescence. Le sport l'aide à prendre conscience de la pleine mesure de son corps et de toutes ses capacités physiques. Ses parents, cofondateurs de France Nano Sports, sont comblés : judo, tennis, foot, ping-pong, volley, basket, rugby à toucher à cinq, poids, javelot, disque, aucun sport ne lui résiste et toutes ces disciplines, il les a pratiquées en loisir ou en compétition. C'est en tennis de table qu'il performe à haut niveau. Sa quête de performances, il ne la poursuit pas pour sa gloire personnelle, même si chaque médaille est une petite pierre dans la construction de la confiance en soi, mais pour que le sport devienne le fer de lance de la reconnaissance universelle des incroyables ressources humaines et physiques des personnes de petite taille. Depuis 2021, le Comité international olympique a rajouté le mot *Communiter* à la devise historique de Pierre de Coubertin : « *Citius, Altius, Fortius* ». Alexi connaît toute la valeur du mot « ensemble » et la déploie dans ses vies intime, familiale, professionnelle, communautaire, que ce soit quand il dirige la délégation nationale forte de 37 athlètes lors des Mondiaux des personnes de petite taille à Cologne en 2023 ou quand il professe l'évangile du sport dans les associations de handicapés.

Le sport ne nous fait pas grandir en taille mais nous apprend à être plus grands que nos peurs, nos fatigues, nos obstacles.

Le sport ne nous fait pas grandir en taille mais nous apprend à être plus grands que nos peurs, nos fatigues, nos obstacles. Nelson Mandela disait qu'il était plus puissant que les gouvernements pour abattre les barrières raciales et Jean Giraudoux voyait en lui « cette délégation au corps des plus hautes vertus de l'âme ». Alexi pourrait mettre ces deux pensées du politique et de l'écrivain en exergue de son évangile du sport. Contrairement à la culture anglo-saxonne – ce sont les Américains qui, à Chicago, en 1993, ont inventé les World Dwarf Games dont la prochaine édition aura lieu en Australie – la culture française a longtemps considéré le nanisme et le sport comme deux mondes incompatibles et presque contradictoires. On sait aujourd'hui toutes les vertus du sport pour la motricité, la tonicité, le développement musculaire et la régulation pondérale des personnes de petite taille.

Côté muscles, donc, tout va bien pour Alexi, côté cerveau aussi : après une licence d'écologie à Orsay, il a suivi un master en sciences de l'eau à Lyon. Aujourd'hui, il considère que son seul handicap, « c'est une colonne vertébrale de 80 ans ». Il en a 27. Le jeune homme a la chance d'avoir toujours été suivi par le Pr Guillaume Lot, et d'avoir eu des parents aimants et inspirants. À l'écouter, il ne semble y avoir que deux ou trois ombres au tableau de sa jeune vie : il déplore que le parcours de santé des personnes de petite taille soit erratique à l'entrée dans l'âge adulte, contraste difficile à vivre après la prise en charge thérapeutique parfaite de l'enfance et de l'adolescence, et il sait que sa santé ne va pas forcément aller en s'améliorant. La troisième ombre ? Cette connotation péjorative du mot « nain » en français, cette éternelle réduction du sujet au cliché de la petite chose pas tout à fait humaine. La lutte pour la reconnaissance passe par le juste usage des mots. À ce propos, « passer de Passe-Partout à Tyrion, c'est déjà un progrès », reconnaît Alexi en souriant. Comme aime à le dire l'homme de Dublin, « le monde n'est pas parfait, il peut donc

Aujourd'hui, il considère que son seul handicap, « c'est une colonne vertébrale de 80 ans ». Il en a 27.

s'améliorer». En quittant Alexi, on repense à Luke et Rey, les héros du *Réveil de la force* dans l'épisode de *Star Wars* tourné entre le comté du Kerry, les îles Skellig et le comté de Donegal. *The Force Awakens*, un titre magnifique qui pourrait devenir le panache blanc de toutes les personnes de petite taille du monde.

*« Ne laisse
jamais personne
te porter, mon fils. »*

**Othmane El Jamali,
41 ans, Maastricht (Pays-Bas)**

Othmane, 40 ans, est un cheminot. Il aime ce mot et la culture qu'il porte, celle de la SNCF, l'entreprise qui l'a formé et qui l'a fait grandir, progresser et réussir. Il aime aussi la fête, il l'a beaucoup faite quand il préparait HEC au lycée Montaigne.

Quand il rate sa classe préparatoire, son père lui dit avec le sourire que son échec aura au moins un mérite : son fils aura donné une « belle image de bouffon aux autres ». Car, c'est bien connu, les personnes de petite taille sont toutes des bouffons, des moins-que-rien, des clowns, des turlupins, des personnes de moindre qualité et de moindre envergure... Les mots paternels sont d'autant plus puissants qu'ils sont adressés sans méchanceté ni amertume. Quatre ans plus tard, le fils validera un master à l'ESCP. S'affranchir du cliché qui colle à la peau de toute personne de petite taille, ne pas passer pour un bouffon, ne pas confirmer la réputation qui aurait pu plomber son destin, ne pas donner raison à tous ceux qui reproduisent l'immémoriale bêtise, faire mentir la prédestination, la légende, la paresse intellectuelle, le conformisme, la malveillance, voilà le moteur secret d'Othmane, la source de son énergie libre et joyeuse.

S'affranchir du cliché qui colle à la peau de toute personne de petite taille, ne pas passer pour un bouffon.

Othmane parle de son éducation comme d'une éducation chanceuse et clanique. Tous les enfants au même régime, il est le quatrième d'une fratrie de cinq. Sa mère est originaire d'Agen, son père est marocain : un couple « mixte » d'après les mots du fils. « Ça ne va pas être simple, mon fils, mais ça ira », lui dit sa mère depuis sa toute petite enfance. Des mots qu'il n'oubliera jamais, pas plus que ceux qu'elle lui murmurait chaque fois qu'un sinistre sire doutait des capacités de son dernier : « Je t'ai déjà dit que tout allait bien se passer », tout en ajoutant : « Ne me fais pas mentir, mon fils ». Nous sommes faits par les mots – Lacan précisait « faits comme des rats » –, mais Othmane dément l'adage lacanien. Les mots de ses parents l'ont porté, secoué, libéré. « Je finirai clown », ose-t-il dire à sa mère en classe de quatrième, pour justifier son manque d'implication scolaire, joli euphémisme pour signifier qu'il ne bosse pas trop. La réponse maternelle fuse, implacable, indiscutable : une bonne baffe, une vraie beigne. Il entend encore son claquement sec. Nous sommes dans le Maroc des années 1990, pas tout à fait donc dans la culture de l'enfant roi qui a tous les droits, pas vraiment non plus dans la culture dominante contemporaine où chacun se pose mille questions avant de sévir ou de punir. Et si mon geste un peu violent était une survivance archaïque de mon inconscient patriarcal et colonial ? Non, décidément, Othmane ne sera ni bouffon, ni clown.

Les mots de ses parents l'ont porté, secoué, libéré.

Il finit sa scolarité à Casablanca et hop, à nous deux Paris. Vie de patachon où la fête le dispute un peu à l'étude. Mais il a retenu de son père, encore lui, l'importance des études. « Avez-vous fait des études ? » demandait systématiquement et presque frénétiquement ce dernier à tous les adhérents de l'APPT qu'il a croisés dans sa vie. Et le jour où il apprit par le Pr Georges Finidori, qui suivait son fils, que Patrick Petitjean, président de l'association, travaillait à la Caisse des dépôts, il l'appela aussitôt et obtint de déjeuner avec lui à la cantine de l'institution financière, à côté du musée d'Orsay. Rendez-vous originel qui deviendra un rituel annuel, chaque printemps jusqu'à la douzième année d'Othmane.

On comprendra que même quand il lui arrive d'être suivi par des camions poubelles à la fraîche, à l'heure de son jogging, ou d'encaisser des vannes stupides quand il se balade avec son amoureuse hollandaise de petite taille, Othmane se sent fort. Une fois pourtant, boulevard Barbès, alors qu'il rentrait chez lui dans son costume trop grand de jeune stagiaire, il s'est senti vulnérable, abandonné, en danger. Un gars, dans son dos, marchait sur ses genoux. Sentant son oppressante présence, Othmane se retourna pour l'applaudir et le féliciter de sa pitoyable performance, moitié en arabe, moitié en français. Funeste provocation : « Tu veux qu'on te casse la gueule ou quoi ? » lui balança aussitôt l'histrion. L'agressé avoue aujourd'hui avoir, à ce moment critique, pensé à ses parents. « Je le savais bien, le monde est plus violent que celui de mon enfance protégée », se dit-il. « Si vous ne me tuez pas maintenant, je vais me tuer en rentrant chez moi » sont les mots de défense qui sortent presque tout seuls de la bouche d'Othmane, des mots qui le sauvent ! La sinistre petite bande agressive de Barbès recule, réfléchit, s'excuse. « Déconne pas, c'était juste une blague, on voulait pas faire ça », bafouille le gars qui, une minute plus tôt, le singeait en se traînant sur ses genoux.

« Je le savais bien, le monde est plus violent que celui de mon enfance protégée. »

Quelques années plus tard, le costume trop grand du stagiaire est devenu un costume parfaitement taillé et ajusté. Quand il est engagé comme acheteur à la SNCF, on lui demande de donner le meilleur de lui-même, comme n'importe qui d'autre, on le biberonne à la culture très inclusive et égalitaire de l'entreprise, on lui fait même découvrir la MDPH. « On ne connaît pas beaucoup de handicapés bac+ 5, alors on va te chouchouter. » Peu de sociétés accueillent ainsi leurs jeunes talents. Othmane se retrouve avec un coach qui lui apprendra à diriger une équipe du haut de son 1,23 mètre.

Un jour, un chef d'entreprise fournisseur de la SNCF lui fait visiter son imprimerie et lui présente son directeur de production qui, dans un élan spontané d'hospitalité, l'accueille en ces termes :

« Oh, le petit nouveau ! » tout en cherchant à l'enlacer goulûment. « Cher monsieur, il y a des pratiques bien étranges chez vous », le remet aussitôt en place la formatrice d'Othmane. Il n'est pas le petit nouveau, il est le futur acheteur SNCF. On comprend pourquoi, encore aujourd'hui, il appelle la SNCF sa « seconde maman », une mère protectrice sans être étouffante, formatrice sans être dirigiste. « Ne te laisse jamais porter, mon fils », lui enseignait sa mère dans son enfance. L'entreprise publique décuplera la puissance de ce principe maternel. Directeur des achats pour le groupe Eurostar et responsable d'une équipe de sept personnes, il parle encore avec beaucoup d'émotion de la SNCF, à ses yeux et dans son cœur la plus belle entreprise du monde.

Rien ne l'a plus impressionné que l'esprit d'équipe de la SNCF, si ce n'est le mental de l'équipe américaine de basket lors d'une demi-finale à Cologne. Il assiste au match de l'équipe française des basketteurs de petite taille contre les États-Unis. À la mi-temps, la France mène 10 à 0. À la fin du match, le score est sans appel : 26 à 10 pour les États-Unis. Ce qui a fait la différence ? L'entraîneur, qui offre une victoire éclatante à son équipe. Le feu, l'ardeur, la joie, le chant, la solidarité, l'intelligence collective, la rage de vaincre ensemble, voilà la martingale. Othmane insufflera cet esprit à l'APPT quand, en 2017, il en prend la présidence, avec Violette en binôme. Oui, il faut faire rentrer plus d'argent dans l'association, oui, il faut en décupler l'influence. Et la SNCF va l'aider dans son combat pour la reconnaissance des personnes de petite taille, pour démontrer que leur envergure professionnelle n'a rien de proportionnel à leur taille.

Le feu, l'ardeur, la joie, le chant, la solidarité, l'intelligence collective, la rage de vaincre ensemble, voilà la martingale.

Othmane vit aujourd'hui à Maastricht avec sa compagne hollandaise, de petite taille elle aussi, qu'il a rencontrée à Berlin lors d'une convention internationale organisée par les Américains. Elle est présidente de la BVKM, la réplique hollandaise de l'APPT. Les beaux-parents d'Othmane mesurent 2 mètres, si bien que par comparaison, ses parents semblent petits même s'ils sont de taille classique. « On est toujours le différent d'un autre » : cette expression, dont son père a sans doute un peu abusé pendant son adolescence, prend ici tout son sens. Aux Pays-Bas, dans ce royaume du cyclisme où les femmes comptent, avec les Lettones et les Estoniennes parmi les plus grandes du monde, il évite de faire du vélo pour ne pas provoquer inutilement les esprits mauvais.

Il sourit quand il repense à ses parents qui ont toujours aimé vivre dans des grandes maisons et qui n'ont jamais imaginé couper les pieds de leurs meubles chéris pour que leur fils puisse en apprécier la beauté. Il est loin maintenant le temps où un instituteur zélé de Casablanca expliquait à sa mère qu'il ne voulait pas du jeune Othmane dans sa classe car, selon le postulat aussi archaïque que faux, « petite taille, petit cerveau ». « Pas dans ta classe, tant pis pour ta classe, pensa ce jour-là la mère, le cerveau de mon fils ira en enrichir une autre. » Le lendemain, c'était fait.

« On est toujours le différent d'un autre » : cette expression, dont son père a sans doute un peu abusé pendant son adolescence, prend ici tout son sens.

Quand il pense à l'association américaine des personnes de petite taille qui compte environ 5 000 adhérents, Othmane n'est pas jaloux mais il rêve que l'APPT devienne une association influente, progressiste, qui ouvre de nouveaux fronts, qui mette la pression sur les pouvoirs publics, sur le monde professionnel, sur l'opinion publique pour lutter contre toutes les formes de violence ou d'humiliation que subissent encore celles et ceux qui ne dépassent 1,40 mètre. « Nain », un mot d'une « violence sans nom ». L'expression d'Othmane, si forte soit-elle, se contredit elle-même, car précisément le mot « nain » est le nom de toute cette violence cristallisée. La pédagogie, l'éducation, la formation des esprits, l'engagement sans trêve pour la dignité humaine et la juste reconnaissance de chaque handicap parviendront-ils à l'éradiquer ? « La liberté intérieure, c'est quand le regard de l'autre ne nous détermine pas. » Othmane, homme qui puise sa joie et son énergie vitale dans son éducation et son insatiable curiosité humaine, applaudirait sans doute à cette pensée d'Alexandre Jollien.

« Nain », un mot d'une « violence sans nom. »

« Bon, voilà. »

Ghazal Firouzi,
27 ans, Paris

Ghazal, 27 ans, 1,10 mètre. Stagiaire, on lui a expliqué qu'elle n'allait pas assez vite dans l'exécution de ses tâches. Sa voix est claire, vive, parfois un peu hésitante, on la sent souvent inquiète. À l'issue de son stage, elle n'a pas été recrutée par l'entreprise. Elle restera pudique sur la cause réelle de ce refus.

Quand elle arrive en France avec ses parents, Ali Khamenei est déjà le Guide suprême de la révolution de la République islamique d'Iran depuis neuf ans. On comprend qu'elle ait aujourd'hui oublié son nom. Elle a 3 ans quand elle débarque à Tours avec ses parents. Tous sont nés en Iran. Le père a décidé de fuir le pouvoir des mollahs. Un cousin et un oncle de Ghazal ont connu la prison dans leur pays natal, échappant de justesse à la peine de mort. Le père pense par ailleurs que sa fille sera mieux suivie qu'elle ne l'a été en Iran, autant dire pratiquement pas, la considération et la prise en charge thérapeutique du handicap n'étant pas le point fort de la politique du régime de Téhéran.

Un exil, un abandon maternel, une pathologie rare. Il y a plus facile pour se construire.

Car le père est pseudo-achondroplase. Quand il arrive à Tours, il ne sait pas encore que sa fille sera comme lui, la pathologie dont ils souffrent tous les deux ne se déclarant que vers l'âge de 3 ans. Ghazal garde peu de souvenirs de sa mère, de taille classique, car celle-ci a choisi de retourner vivre dans son pays, confiant sa fille de 8 ans à la seule éducation de son mari. Résumons l'enfance de Ghazal : un exil, un abandon maternel, une pathologie rare. Il y a plus facile pour se construire.

À l'âge où les enfants préparent joyeusement leur entrée en sixième, la jeune fille se prépare à sa première grosse opération. Enfant, son dos est à rude épreuve, des barres l'aident à moins souffrir de sa scoliose. À partir de 10 ans, elle sera une jeune fille multi-opérée, une « collectionneuse des tables d'opération ». Chaque opération traîne avec elle son cortège de dommages collatéraux : absences scolaires à répétition, études plus difficiles, parcours à trous.

Aujourd'hui encore, Ghazal se définit comme une étudiante concentrée sur sa santé. Marchant à 9 mois, elle donne un faux espoir à son père qui n'avait marché qu'à 3 ans. Faux espoir vite dissipé par sa grand-mère qui conseille à son fils de ne pas se réjouir trop vite. La souffrance appelle à la prudence. L'enfant grandit entre la Loire, son père qui vit pour sa fille et tous ces textes qu'il médite ou traduit. La présence du grand fleuve l'apaise, celle de son père la rassure. Elle apprend à parler le français en même temps que le persan. Scolarisée dans un collège privé, elle adore l'école, surtout l'ouverture sur les autres et la vie qu'elle lui apporte. Puis sa passion première se trouble. Elle a beau être parfaitement suivie par son assistante de vie scolaire, la perspective des devoirs à faire seule le soir, la peur de ne pas y arriver, de se sentir trop fatiguée, tout cela l'inquiète, l'angoisse même. Il y a pourtant cette formidable équipe psychologique et médicale qui la suit. Elle sait à quel point elle rend sa vie plus facile, mais elle la vit aussi comme une surveillance un peu oppressante, un enfermement, presque. Dans ses moments sombres, elle se sent prisonnière, de son corps, de cette assistance médicale permanente, de ce soutien psychologique, de son père aussi. Elle s'interroge sur sa liberté, sur sa vie à venir. Chaque jour ou presque, ses hanches, son dos la rappellent à l'ordre de la douleur, insistant et sans concession. Elle est encore trop jeune pour les prothèses, mais elle a déjà des barres dans le dos pour soulager sa scoliose. À partir de 12 ans, le fauteuil s'impose. Un

Chaque jour ou presque, ses hanches, son dos la rappellent à l'ordre de la douleur, insistant et sans concession.

jour elle voudra fuir tout cela, elle viendra à Paris, cherchant seule le chirurgien qui l'opérera ; et c'est une ville fantôme qui l'accueillera, confinement sanitaire oblige. Après son opération des hanches, il lui faudra un an de rééducation pour réapprendre à marcher. Dès lors ne commence pas une nouvelle vie, juste une vie délestée de la douleur, une vie dont le rayon d'action de marche autonome sans fauteuil ne dépasse pas une centaine de mètres.

À l'école de mode et de stylisme où la jeune fille s'inscrit après son bac techno en arts appliqués, on refuse son fauteuil dans l'enceinte de l'établissement, ce qui confronte chaque jour l'étudiante à la douleur de marcher et au calvaire des escaliers, cette fois sans assistante de vie scolaire. Dans la présentation en ligne de l'école, on lit pourtant ces mots aguicheurs : « La mode est un mouvement, un langage, un laboratoire de créativité qui reflète l'époque. » Drôle d'époque. Ghazal n'aura pas la chance d'entrer chez Balmain, Chanel ou Marine Serre, références citées par l'école à titre d'exemples de marques qui ont fait confiance à ses étudiants.

Pendant que le corps souffre, la tête travaille, ajoutant souvent de la souffrance à la souffrance.

Dans son logement du Crous, les angoisses reviennent. Elle consulte beaucoup de thérapeutes avant de trouver enfin une psychologue de Tours, la ville de son enfance, qui l'aide à « dénouer » tout ce qui tourbillonne dans sa tête, jusqu'au vertige. Car pendant que le corps souffre, la tête travaille, ajoutant souvent de la souffrance à la souffrance. « Dénouer » est le mot que la jeune femme emploie, elle dont le corps est si noué, rivé la plupart du temps à son fauteuil. Un psychiatre parisien l'aide aussi en diagnostiquant son trouble borderline.

Pashmi, son spitz nain, lui apporte depuis longtemps un immense réconfort émotionnel, il est sa passion fixe. Car la vie sentimentale de Ghazal a été plutôt bouleversée. La première fois, ce fut quand elle annonça à son père qu'elle préférait les filles. Colère noire, le père se calmera mais mettra du temps à l'accepter. Il ira jusqu'à demander à sa fille de quitter sa première amoureuse, parlera longtemps de la honte éclaboussant toute la famille, les exilés comme ceux qui sont restés au pays, comme une malédiction. Nos premiers amours nous affranchissent de l'amour des parents, la jeune fille le comprend. À Paris elle se sentira plus libre, une histoire, puis une autre, au gré des désirs. Enfin vint Flavie, jeune femme du Mans, rencontrée sur les réseaux sociaux : Ghazal s'y est montrée telle qu'elle est dès le départ, sans chercher à dissimuler sa taille. Pourquoi l'amour serait-il proportionnel à la taille ? Pourquoi le handicap serait-il un tue-l'amour ?

Pourquoi l'amour serait-il proportionnel à la taille ? Pourquoi le handicap serait-il un tue-l'amour ?

Un jour, gare du Nord, un type la prend en photo dans son fauteuil, un vigile intervient pour chasser rudement le voyeur. Ce même jour de triste chance, un autre type se plante devant elle, se montre insistant, lui fait part de ses fantasmes : baiser une naine, c'est cool comme histoire à raconter à ses potes, n'est-ce pas ? Nouvelle intervention musclée d'un vigile, mais cette fois le prédateur ne renonce pas si facilement à sa proie qui lui semblait facile et, dans son esprit pervers, déjà consentante. Un pugilat s'ensuit, le fauteuil de la victime manque de basculer. Souriant avec une remarquable constance, Ghazal reconnaît avoir subi d'innombrables agressions de la sorte, toutes violentes, humiliantes, sordides.

Il y a un an, on lui a annoncé qu'elle était atteinte d'une sclérose en plaques, une pathologie sans corrélation avec le nanisme. Sa marche en « prend encore un petit coup ». Mots admirables de retenue et de courage. La jeune femme dit dormir beaucoup, surtout quand sa nouvelle maladie a ses paliers d'accélération. Certains jours sont plus sombres que d'autres, mais Ghazal a appris à vivre avec, à ne jamais leur donner toute la place. Elle aimerait un jour ne plus avoir à s'asseoir sur la lunette des toilettes dans les lieux publics, pouvoir prendre appui sur une rampe dans les pharmacies. Oui, elle aimerait qu'on lui facilite un peu la vie quand elle doit se déplacer dans les villes qu'elle aime, Paris, Tours, Le Mans. Mais elle ne se plaint pas, ce n'est pas son genre. Comment est-ce au pays de sa toute première enfance, comment font ceux qui sont comme elle mais vivent à Kerman, à Ispahan ou à Chiraz ? Même si quelque chose s'est défait entre elle et son père, elle sait à quel point il a eu raison de s'exiler en France.

Oui, elle aimerait qu'on lui facilite un peu la vie quand elle doit se déplacer dans les villes qu'elle aime, Paris, Tours, Le Mans.

Quand on l'écoute bien, une expression ponctue souvent sa conversation fluide, presque légère : « Bon, voilà. » Non pour signifier qu'elle se résigne à son sort, mais pour dire qu'elle l'accepte, pour s'assurer surtout que les autres comprennent exactement ce qu'elle endure. Mais est-ce possible ? « Je ne peux plus rien. Des bras serrés autour de soi, ça soulage. On pourrait presque croire que ça va mieux quelquefois. Une minute d'air respirable. » Ces quelques mots de Marguerite Duras dans *La Douleur* pourraient faire comprendre un peu la vie de Ghazal. Mais aucune vie ne se dit en quelques mots. Et puis Ghazal peut tellement, veut tellement, espère tellement.

« Le mot “nain” me met les poils. »

Océane Laroze,
24 ans, Brest

La jeune femme brune qui a quitté la région lyonnaise pour Brest sourit souvent. Est-ce parce qu'elle est bien consciente qu'elle aurait pu ne pas naître ? Aujourd'hui elle aime son amoureux, de petite taille comme elle, un jeune Breton ingénieur dans un groupe industriel international de défense navale qui opère de l'Arabie saoudite à l'Australie et du Brésil à l'Égypte en passant par la Grèce, Singapour et l'Inde. Il y a tant de nouveaux rivages à découvrir.

Quand la gynécologue repère une anomalie lors de la dernière échographie de sa mère, elle demande une interruption médicale de grossesse (IMG). Vingt-quatre ans plus tard, la fille précise en riant que c'était bien une demande, pas une proposition, encore moins une suggestion. Une demande insistante, pressante, formulée avec la force de l'évidence. D'autant plus violente, donc. Comment imaginer qu'une femme déjà mère de deux enfants « normaux » envisage sérieusement de garder un troisième qui ne l'est pas ? Le cœur d'une mère a des raisons que la science ne connaît pas toujours. Et même si Océane ne peut imaginer tout ce qui se passe dans la tête de sa mère quand on lui explique qu'elle n'a guère le choix, ou plus exactement qu'un seul choix est raisonnable, elle sait aujourd'hui qu'elle est l'enfant du refus, la fille d'une résistance, d'une décision contraire à ce qui semblait a priori la seule voix de la raison. La jeune femme précise, toujours avec le même sourire si clair qu'il contraste avec sa frange noire, que son père de petite taille a entendu en direct la recommandation de la gynécologue. On imagine l'effet. En décidant d'avoir un enfant avec lui, sa mère connaissait le risque pris, une probabilité sur deux.

Elle sait aujourd'hui qu'elle est l'enfant du refus, la fille d'une résistance, d'une décision contraire à ce qui semblait a priori la seule voix de la raison.

On compare souvent Océane à Mimie Mathy, achondroplase comme elle, ce qui a le mérite de l'irriter ; mais chez elle, même l'irritation est joyeuse. « Je ne passe pas ma vie à courir partout en montrant des clés toute la journée », dit-elle en pensant à Passe-Partout. Elle n'a rien contre lui mais tient à rappeler que sa vie à elle ne se limite pas à l'enceinte du fort Boyard et qu'elle déteste qu'on veuille souvent l'y enfermer, non par méchanceté bien sûr mais par facilité. Océane n'est pas une jeune fille qui trottine partout, elle préfère les promenades au bord de la mer avec son amoureux. Elle a conscience d'être chanceuse, n'ayant jamais subi de grosses interventions chirurgicales pendant son enfance.

Son BTS en économie sociale et familiale et son diplôme d'État de conseillère en économie sociale et familiale lui ont permis de trouver assez vite un emploi. Quand les « personnes accompagnées » ont leur premier rendez-vous avec elle, elles passent toujours par un moment de surprise, comme un sas de décompression, avant de s'habituer. Ensuite, la compétence de la jeune fille prend le relais, dissipant rapidement le léger malaise originel. Le mot « nain » lui « met les poils », avec tous ses joyeux synonymes aux connotations plus dégradantes les unes que les autres : nabot, homoncule, avorton, trapu, bouffon, rase-mottes. Et si tom-pouce, lilliputien, myrmidon, pygmée, synonymes plus chics, cultivés et référentiels, étaient encore pires ?

Quand les « personnes accompagnées » ont leur premier rendez-vous avec elle, elles passent toujours par un moment de surprise, comme un sas de décompression, avant de s'habituer.

Les personnes comme elle sont « rattachées à une condition médicale, pas à une condition physique ». Ces mots si justes sont encore insuffisamment partagés. Après tout, une personne de petite taille n'est qu'une petite personne, pense la majorité des gens. Aucune malveillance là-dedans, juste une ignorance crasse. Une ignorance qui reste, hélas, rarement inoffensive car elle se convertit, presque naturellement, en propos blessants ou en gestes humiliants.

Océane se souvient de la honte qu'elle ressentait quand son père venait la chercher avec sa mère à l'école ou au centre aéré. Alors qu'elle souhaitait passer inaperçue, tous les enfants encore présents couraient dans sa direction pour la prévenir que son père était là ! Comme si l'enfant ne le savait pas. Cela arrive encore aujourd'hui quand elle se balade avec son frère ou sa sœur, de taille classique. Ou pire, avec son amoureux : un couple de nains, quelle aubaine ! Deux pour le prix d'un, c'est quand même bien plus drôle : voyez le risible spectacle des nains amoureux ! Quel butin, quel trophée à partager pour se faire à bon compte plein de nouveaux amis sur les réseaux sociaux.

Il y a des jours où l'on a envie de se battre, d'autres moins. S'il fallait répondre à toutes les provocations, on s'épuiserait vite ; la sagesse conseille souvent de passer son chemin. Il arrive fréquemment à Océane de demander à son frère et à sa sœur de se calmer, de rengainer leur envie d'en découdre. Dans la vie d'une personne de petite taille, les jours ne sont pas égaux et les mauvais jours, on n'a ni la force ni l'envie de contre-attaquer. On avait appris à son père à suivre le mouvement, à ne pas se plaindre, à s'adapter au monde. Ce qui ne veut pas dire le subir. Bon sang ne saurait mentir : son père a donc appris à sa fille à faire de même, loi de l'éducation oblige. Vivre sans crainte et sans colère, tel était l'idéal de vie stoïcien. Car la crainte nous apprend la soumission et la colère nous aliène. Ainsi vit la jeune femme dans ses terres lointaines et belles du Finistère, sans fuir le monde, sans avoir peur de rien, sans

Il arrive souvent à Océane de demander à son frère et à sa sœur de se calmer, de rengainer leur envie d'en découdre.

colère contre quiconque. Enfant, on ne jouait pas forcément avec elle dans la cour de la maternelle mais elle préférait ne pas en parler à son père, de peur de le blesser ou de le culpabiliser. À sa mère, elle en racontait un peu plus, tout en prenant soin de ne pas lui en dire trop, de peur, là encore, qu'elle ne divulgue ses confidences, ses secrets et ses inquiétudes à son père. À l'âge sentimental, Océane ne voulait pas de garçon de petite taille. « Ça va pas la tête ! » s'exclame-t-elle aujourd'hui dans un rire franc, avec un recul d'à peine dix ans sur ses premiers émois. Aujourd'hui, elle est si fière de son compagnon.

Dans son panthéon personnel, on trouve son père, l'influenceuse Sinéad Burke, Jacques Chirac, Charlotte Parmentier-Lecocq, Sophie Cluzel (ancienne secrétaire d'État chargée des Personnes handicapées dans les gouvernements successifs d'Édouard Philippe et Jean Castex) et Violette Viannay. Tous ceux-là, elle les aime notamment parce qu'ils ont su mener le combat qui est le sien au quotidien. Elle aime Chirac pour la loi de 2005 sur le handicap. « Toute personne handicapée a droit à la solidarité de l'ensemble de la collectivité nationale qui lui garantit, en vertu de cette obligation, l'accès aux droits fondamentaux reconnus à tous les citoyens ainsi que le plein exercice de sa citoyenneté. » Cent un articles en tout. Pour son activisme et son influence, elle aime Sinéad Burke, la blogueuse irlandaise de petite taille, diplômée du Trinity College de Dublin et fondatrice du mouvement IFDC (Inclusive Fashion & Design Collective), qui a été invitée à la Maison-Blanche par l'administration Obama à l'occasion de l'événement Design

« Toute personne handicapée a droit à la solidarité de l'ensemble de la collectivité nationale qui lui garantit, en vertu de cette obligation, l'accès aux droits fondamentaux reconnus à tous les citoyens ainsi que le plein exercice de sa citoyenneté. »

for All, et qui fut la star du Met Gala de 2019 où elle est apparue habillée par Alessandro Michele (designer de Gucci à l'époque). Une véritable icône immortalisée par le photographe Tim Walker sur la couverture de *Vogue*, en trench-coat Burberry parfaitement coupé à la mesure de ses 104 centimètres. Elle aime Violette Viannay pour sa vigilance sans relâche, son intransigeance et sa mobilisation de tous les instants. Elle aime les ministres et secrétaires d'État chargés du handicap qui, eux aussi, poursuivent le combat, toujours prêts à ouvrir de nouveaux fronts.

Les limites de sa taille n'ont pas vraiment limité les ressources du cœur de la jeune femme. Selon ses propres mots, elle se construit elle-même. Magnifique et modeste entreprise. Océane vit entre la Manche et l'Atlantique, le vent, les ardoises et les vagues, comme si elle avait voulu honorer son prénom. La mer l'apaise, la nature bretonne lui parle. Elle aime le bocage et la beauté calme des rivières, l'Élorn, le Scorff ou l'Odet. La jeune Bretonne d'adoption fera peut-être un jour découvrir ces splendeurs à ses enfants. Il est encore un peu tôt pour l'envisager, et surtout elle pèse le « pour et le contre », car elle sait qu'avoir un enfant avec son amoureux c'est avoir un enfant comme eux. Le manoir qui a appartenu à Jane Birkin, récemment racheté par l'écrivaine Aurélie Valognes n'est pas loin de chez elle. A-t-elle lu les romans de cette dernière, *Né sous une bonne étoile* ou *L'Envol* ? L'histoire ne le dit pas, mais à écouter Océane, on se dit qu'elle a trouvé le lieu où vivre.

Les limites de sa taille n'ont pas vraiment limité les ressources du cœur de la jeune femme.

« On va lui offrir comme arme tout notre amour. »

Charlotte Loisant, 41 ans, Nantes

Charlotte, comme dans le roman de David Foenkinos qui raconte l'histoire de la peintre Charlotte Salomon, victime de la barbarie nazie alors qu'elle était enceinte. Charlotte, elle, a eu le bonheur d'avoir deux enfants, Oscar et Alice. Quand, à la maternité des Lilas, on lui annonce à la trente-cinquième semaine que son fils a le fémur court, elle s'effondre et pleure, pleure, pleure. Elle se réjouissait tellement de cette dernière échographie, elle y était venue détendue, elle qui avait eu une grossesse plutôt anxieuse. Elle préparait déjà sa rencontre avec son bébé. Mais ce jour-là, l'obstétricien est peu loquace, revient sur les mesures des fémurs, demande un nouveau contrôle, parle d'anomalie génétique, évoque une double suspicion, trisomie ou nanisme. Coup de massue, claque, choc, sidération, les mots de la mère changent et peinent à dire la violence de l'annonce. Car la violence est incommensurable. Les soignants le savent, d'où la précaution de leurs expressions, la prudence de leur diagnostic, la délicatesse de leurs mots. En général et le plus souvent.

Personne ne peut être dans la tête des parents à cet instant-là et, même avec le meilleur accompagnement thérapeutique du monde, le père et la mère sont seuls face à l'impensable, l'inacceptable qu'il va pourtant falloir penser et accepter. Cette solitude, comme la douleur, est incommensurable. La vie bascule, toutes les perspectives sont chamboulées. Ce qui devait être naturel, simple, heureux s'annonce compliqué, médicalisé, programmé. Le grand style, dit Nietzsche, c'est de se montrer à la hauteur de son malheur comme de son bonheur. Voilà bien qui est plus facile à dire qu'à vivre. Que pense vraiment un père qui apprend qu'il aura bientôt un enfant handicapé ? Et une mère ? On cauchemarde, on culpabilise, on bute sur un obstacle qui, dans un premier temps au moins, semble insurmontable. On explose, ou implose, on crie de l'intérieur, déchiré par des forces contraires, emporté par des vents mauvais, précipité dans une fosse chaotique d'affects confus et sauvages ; un instant on se résigne pour l'instant d'après se révolter, un instant on pense à l'infini de la responsabilité qui s'ouvre, l'instant d'après on a envie de tout oublier, de se décharger de tout. La raison, la peur, la colère, la tristesse s'emparent tour à tour de vous et jouent avec vous comme d'impitoyables furies. On ne sait plus qui écouter : son inconscient, son éducation, son démon, sa raison, tout se mêle et se trouble. On chemine en redoutant de se perdre en chemin.

Dans ces moments sombres, ce n'est pas la consultation angoissée de la littérature Internet sur le fémur court qui peut rassurer ou apporter quelque lumière. Tout, au contraire, devient obscur, tout s'affole. Mais Charlotte, dans sa quête frénétique d'informations fiables, tombe sur un forum de gynécologues en ligne, obtient un nouveau rendez-vous avec une obstétricienne à Paris. Le lendemain, l'achondroplasie se confirme, on évoque l'interruption médicale de grossesse. Une phrase du gynécologue des Lilas, qui suit particulièrement bien Charlotte, tourne dans sa tête en boucle : « Il n'y a ni bonne, ni mauvaise décision, c'est la décision que vous prendrez qui sera la bonne. » Il y a des phrases qui aident, celle-ci en est une. Le couple consulte, écoute les généticiens et les psychologues, s'adresse à l'Association des personnes de petite taille dont le président de l'époque, Patrick Petitjean, se montre aussi rassurant que bienveillant. Il reste encore 1 % d'incertitude, le diagnostic de l'achondroplasie est hautement probable mais pas encore définitif. On continue donc les examens. Le compagnon de Charlotte la soutient, quelle que soit l'option qu'elle retiendra. Le couple envisage d'abord l'interruption de grossesse. Puis se ravise. Long et douloureux est le chemin du doute et de la décision.

« Il n'y a ni bonne, ni mauvaise décision, c'est la décision que vous prendrez qui sera la bonne. »

Charlotte fait aussitôt, de son propre aveu, le deuil de l'enfant idéalisé. Oscar, quand tu liras cela, tu aimeras encore plus ta mère, tu comprendras que le bonheur peut aussi venir de la perte de l'idéal, ce couvercle qui empêche tant de vies de vivre, cette chape de plomb qui grise si souvent le bleu du ciel. Charlotte décide de donner la vie à son fils, à condition qu'il n'ait pas trop de douleurs à endurer pendant son parcours sur cette terre.

Qui prévenir ? Dans quel ordre ? Les amis, quels amis ? Qui dira quoi à qui ? Il y a des protocoles plus joyeux à imaginer, qui se reproduisent de génération en génération sans même que personne ait à y penser. Ici l'intelligence et la délicatesse doivent pallier la routine du protocole. Ses parents ne la jugent pas, ses beaux-parents non plus, ils sont juste tristes avec elle. Être triste avec l'autre est beaucoup plus fort qu'être triste pour l'autre. Dans le premier cas, on épouse la douleur de l'autre pour en prendre sa part, si petite soit-elle, dans le second cas on témoigne une pitié, pas toujours vécue dans sa chair, parfois même insincère, et qui souvent a pour seule finalité d'enfermer l'autre dans la solitude de sa souffrance.

Dans le mail qu'elle écrit aux proches pour expliquer son cheminement, la jeune mère conclut par ces mots : « On va lui offrir comme arme tout notre amour. » Normalement, l'amour désarme, mais, ce jour-là, tout n'est pas complètement normal. Alors la mère, qui n'a rien de belliqueux, dit que l'amour sera une arme, l'arme qui aidera son fils à se défendre contre le monde car elle en anticipe la violence. Elle a raison, car la violence du monde est toujours prête à frapper, surtout les plus fragiles. Dans la mythologie grecque, Athéna sort casquée du crâne de son père Zeus ; à la clinique des Lilas, le fils de Charlotte et de Damien sortira du ventre de sa mère armé d'amour. Un mois plus tard, Oscar naît. Un bébé né à trente-neuf semaines.

Oscar, tonique et musclé, est suivi à Necker à partir de 2 mois. « On le regarde sous toutes les coutures » : la mère est bien consciente que son bébé subit une série d'épreuves contre-nature qu'elle aurait préféré lui épargner, mais elle se trouve chanceuse que sa pathologie n'appelle pas de grosses opérations malgré sa cyphose, courbe convexe de la colonne vertébrale dans le plan sagittal, qui nécessite un corset. Quand on lui a annoncé qu'elle aurait un fils achondroplase, Charlotte s'est trouvée brutalement projetée dans un autre espace-temps, un étrange tunnel où chaque jour comptait double et où « il fallait avancer la corde entre les dents, étape après étape ». Depuis la naissance d'Oscar, son rapport au temps a encore changé, elle anticipe tout, programme presque tout, s'endort en vérifiant qu'elle est bien au point sur tout ce qu'il faudra faire dans les jours qui viennent. Parfois, elle se sent mécanique, envahie, alors elle agit pour ne pas se laisser déborder.

« Il fallait avancer la corde entre les dents, étape après étape. »

Pour son fils, elle a changé de vie. Pour lui, elle a demandé sa mutation à Nantes, sa ville d'origine, alors qu'elle était conseillère d'éducation dans un lycée de Pantin. Plus facile de prendre le tramway dans la métropole bretonne que le métro à Paris, plus facile aussi de sentir les siens à proximité. Dans un premier temps, le médecin-conseil du rectorat de Créteil refuse la mutation à Nantes : « Il est juste petit, il vivra très bien à Paris. » Juste petit, ça veut dire quoi au juste ? Qu'il faut s'habituer à tout faire comme les autres, en prenant sa petite taille du bon côté ? Qu'on a juste un petit handicap, plutôt une petite limite qui rend le monde un peu moins pratique, mais qui ne pèse en rien sur la construction psychique de l'enfant, en rien non plus sur sa façon d'appartenir au monde ? Et puis, soyons raisonnables, les mentalités sont tellement plus ouvertes aujourd'hui, la médecine a fait tellement de progrès qu'il faudrait vraiment être paranoïaque pour penser que ces enfants-là ne peuvent pas avoir une vie ordinaire. Peut-être même le monde vu de plus bas donne-t-il une perspective sur la vie originale, enrichissante presque ? Charlotte n'en veut pas à l'ignorance mais aux fausses croyances. Nul n'est tenu de connaître les différentes pathologies du nanisme mais tous se doivent de ne pas penser des absurdités. Des absurdités d'autant plus cruelles qu'elles sont proférées par des gens censés savoir. Le faux savoir est pire que l'ignorance, mais il y a pire encore que le faux savoir ordinaire et populaire : le faux savoir reproduit et diffusé par ceux qui sont censés savoir. Voilà bien la première chose qui révolte Charlotte.

La seconde, ce sont les personnes de petite taille qui font de l'humour sur leur condition. Un spectacle qui lui semble d'ailleurs plus triste que révoltant, car elle déplore leur soumission à la norme qui leur colle à la peau et les réduit à l'éternelle et irréductible image du lutin, du bouffon, du diablotin qui sort de son pot de moutarde pour amuser la galerie.

Le discours sur la différence est largement insuffisant. On s'en sert trop souvent pour se débarrasser à bon compte du sujet.

Un souvenir lui revient : le jour où l'éducatrice de la crèche d'Oscar remarque qu'il a du mal à jouer au ballon avec les autres, elle trouve son discours faible, convenu, inadéquat. « On explique aux enfants qu'on est tous différents et qu'il faut qu'ils apprennent à jouer ensemble », lui dit l'éducatrice. Mais le problème n'est pas là. Ce qu'il faut faire, c'est expliquer ce qu'est un handicap et en quoi chaque handicap limite sérieusement les capacités de celui qu'il touche. Le discours sur la différence est largement insuffisant. On s'en sert trop souvent pour se débarrasser à bon compte du sujet. Valider la différence est trop facile, il faut expliquer terme à terme ce qu'elle rend concrètement impossible, à chaque étape de la vie.

À 4 ans, sa petite sœur a dépassé en taille son frère de 7 ans. À partir de ce jour, inévitable mais pourtant funeste, son fils a commencé à lui confier qu'il trouvait le monde injuste. Souvent, elle acquiesce à cette remarque face à laquelle elle ferait l'impossible pour qu'elle ne se transforme jamais en ressentiment et en un motif d'abattement ou de désespoir. Elle sait qu'elle aide beaucoup son fils en partageant régulièrement avec lui des informations scientifiques précises sur sa pathologie.

Oscar a parfois des crises d'angoisse, des nuits difficiles. Lors d'une convention de l'APPT à laquelle il participe à Marseille à l'âge de 8 ans, il refuse de sortir de sa chambre. Le site a beau être sublime, l'enfant veut rester seul avec sa mère, le plus loin possible des autres enfants qui lui ressemblent. Le deuxième jour, pourtant, il se rapproche des inconnus, surmontant sa peur générée par l'effet miroir. Cette peur, toutes les personnes handicapées la ressentent à un moment de leur vie quand elles sont confrontées à leurs pairs. Quand on est face au semblable, on voit en l'autre ce que l'on n'aime pas en soi-même. L'autre devient ainsi une surface de projection presque répulsive, qui nous rappelle brutalement notre propre condition. À 11 ans, Oscar mesure 1,26 mètre, et il est devenu un enfant volontaire, travailleur, fan de Harry Potter et de mangas, doué à l'école, notamment grâce à sa psychomotricienne qui l'a aidé à délier son écriture. Charles Noakes, le champion de badminton médaille d'or aux Jeux paralympiques de Paris et son voisin nantais, l'a initié à sa passion. En septembre prochain, il entrera en sixième au collège des Sables-d'or. « Le but de la vie n'est pas la vérité mais la tendresse », écrit Proust, qu'Oscar lira peut-être un jour. Il a toute la vie pour cela. En attendant, ses parents lui donnent la vérité et la tendresse. De quoi faire son chemin d'homme libre.

*« Avec le temps,
nous avons appris
à être plus indulgents
avec la bêtise. »*

**Nathalie Meunier
et José Corbacho,
50 ans tous les deux,
Perpignan**

« Le jour où mon fils lira ce bouquin, j'espère qu'il aura la maturité pour comprendre mon premier choix et mes angoisses originelles », dit le père. Au début de l'histoire d'Esteban, le père a peur que son fils ait peur. Du regard des adultes, des inconnus, qu'on le montre du doigt, qu'il n'ait pas confiance en lui, qu'il ait une vie sentimentale compliquée, qu'il se sente seul, qu'il vive un jour comme un assisté, qu'il n'arrive pas à faire ce difficile métier d'homme, à vivre sa vie.

La mère n'a pas les mêmes inquiétudes : est-ce parce que ses trois enfants précédents d'une première union, une fille et deux garçons, lui ont appris à faire confiance à la vie ? Quand la généticienne lui apprend, au septième mois de sa grossesse, que son dernier enfant ne sera pas comme les autres, elle ponctue son diagnostic d'une phrase : « Vous imaginez ce que vous allez imposer à votre mari, dont c'est le premier enfant ? » Elle repense souvent à cette phrase et réalise aujourd'hui à quel point ces mots lui ont volé sa fin de grossesse heureuse.

Au début de l'histoire d'Esteban, le père a peur que son fils ait peur.

Esteban aura bientôt 15 ans et 50 centimètres d'écart avec l'un de ses aînés, qui mesure 1,92 mètre. Il aime tirer à l'arc, nager, lancer le poids, jouer au foot et au badminton : la panoplie d'un jeune sportif accompli qui a déjà participé à la Course des héros et aux Jeux mondiaux des personnes de petite taille. À ce jour, ce n'est ni Racine ni Claudel que l'on rencontre dans son panthéon personnel, mais Charles Noakes.

Esteban a marché à 15 mois et suit depuis ses 11 ans un traitement hormonal. Ses parents s'accordent à dire qu'ils sont plutôt chanceux, que la pathologie de leur enfant aurait pu être plus handicapante. Le choix du théâtre a surpris le père, l'a même un peu déstabilisé. C'est sa mère qui a inscrit son fils aux cours de théâtre à partir du CM1, sans doute parce qu'elle est enseignante, plus certainement parce qu'elle est persuadée que la scène, l'expression orale, le jeu et l'identification à d'autres vies que la sienne aideront Esteban à se construire. L'adolescent aime tellement la scène qu'il veut préparer un bac techno sciences et techniques du théâtre, de la musique et de la danse (S2TMD). Marina Hands, qui a récemment triomphé dans *Le Soulier de satin* mis en scène par Éric Ruff à la Comédie-Française, confiait au journal *Le Monde* : « On ne peut pas faire ce métier pour soi, il faut être dirigé vers les autres. La notion de troupe est capitale, ce n'est pas rien de penser collectif. Ce quotidien-là est joyeux, humble et vivant. Là, je suis heureuse. » Penser collectif, tout est là. Souhaitons aux parents d'assister un jour ensemble au premier triomphe de leur fils sur scène.

En attendant ce jour sacré, la mère sent bien que son fils, malgré sa grande jeunesse, a parfois « des douleurs de vieillesse », telle est son expression. Son fils lui raconte ce qu'il endure : ses fatigues récurrentes, ses temps de récupération plus longs après un effort physique, ses douleurs aux jambes, au dos, aux cervicales. Il lui raconte aussi ses premiers émois sentimentaux et certaines moqueries qu'il subit quand elles sont trop lourdes à porter. Mais la plupart du temps, il ne lui dit rien pour la protéger, pour ne pas qu'elle s'inquiète.

La plupart du temps, son fils ne lui dit rien pour la protéger, pour ne pas qu'elle s'inquiète.

Le père, ex-policier municipal, est aujourd'hui très fier de son fils. À Saint-Féliu-d'Avall, petite commune du Roussillon de moins de 3 000 habitants, proche de Perpignan, tout le monde connaît Esteban et les protège, lui et sa famille. Sa mère est enseignante dans un village voisin. Elle aussi est très connue dans les environs, elle en aime les couleurs, les vignobles, les cistes, les lavandes, le calme, l'hospitalité et la sérénité. Quand son fils est entré en sixième à Perpignan, elle a craint pour lui la confrontation avec la ville et les meutes que l'on croise souvent dans les collèges. Mais elle lui fait confiance, sait qu'il est fort et qu'il ne se laissera pas déstabiliser par quelques regards insistants. Quand cela lui arrive, il demande à ses parents de ne pas relever, de laisser tomber. « Je gère », est-il fier de dire à sa mère qui confesse pourtant être, en vieillissant, de plus en plus indulgente avec la bêtise ou la méchanceté. Le père, de son côté, avoue qu'il peut se montrer nerveux, colérique, explosif parfois, un peu jaloux aussi de la complicité de la mère et du fils. Pas question d'esquisser un sourire ironique au passage d'Esteban. La seule curiosité qu'il tolère est celle des enfants, parce qu'il la croit innocente.

Pas question d'esquisser un sourire ironique au passage d'Esteban. La seule curiosité qu'il tolère est celle des enfants, parce qu'il la croit innocente.

On se souvient de la scène de *Taxi Driver* où Robert De Niro, jouant les durs devant son miroir, répète : « *You're talking to me, are you talking to me?* » Quand Esteban est l'objet de regards glauques ou de propos débiles, c'est son père qui se sent agressé à travers son fils. Comme si on voulait l'atteindre dans sa dignité. À la naissance d'Esteban, il reconnaît humblement avoir eu du mal, du mal à se dire que c'était bien à lui que cela arrivait, à se projeter dans l'éducation, à imaginer l'avenir de son enfant. Pour lui, le nanisme c'était le monde du cirque, les clowns, les nains et les acrobates. Alors, quand ce monde s'est incarné jusqu'à devenir la chair de sa chair, il en a souffert. « Un drame, dit-il, une déchirure. » Quinze ans après, il est encore à fleur de peau et quand il en parle, il s'excuse sans cesse d'être « brouillon ». Il n'est pas brouillon, c'est sa vie qui, à la naissance de son fils, a été brouillée. À l'époque, il aurait préféré ne pas garder l'enfant. À l'annonce de la mauvaise nouvelle au septième mois de la grossesse de sa femme, ce fut sa première réaction. Il en parle aujourd'hui simplement, librement. Sa femme le comprend mais veut le contraire. L'enfant naîtra. Le père s'habituera. Il aura la force et l'intelligence de soutenir Nathalie, de tenir à distance l'incompréhension, les doutes et la méfiance de ses proches. Il ne regrettera pas. Lui qui à la naissance de son fils a pu dire : « Bah voilà, quoi », résumant en trois mots son immense désarroi, vit maintenant chaque victoire de son fils comme une petite victoire sur lui-même et chaque rire d'Esteban comme un don de la vie. Avec sa femme, il se demande souvent comment il a pu douter autant.

Nathalie aime raconter autour d'elle à quel point son fils a changé son expérience du monde, a élargi son ouverture d'esprit, lui a fait mieux comprendre les autres, tous les autres. Elle aimerait que le nanisme cesse enfin d'être le parent pauvre du handicap. En attendant, elle manque rarement les compétitions sportives de son fils et ses performances scéniques. Comme Hernani, le héros de Victor Hugo qu'il ne connaît sans doute pas encore, Esteban est une force qui va. Va, Esteban, va !

« On en a appris des choses avec lui. »

Virginie Monnier, 60 ans, et Jean-Pierre Romano, 58 ans, Ceyreste

Il est l'enfant de ses parents et de la Timone. « Mon fils est passé par un trou de souris », dit le père d'Alexis. Aujourd'hui, ses amis sont admiratifs et lui demandent comment il a fait ! Lorsque Alexis était plus jeune, les autres adolescents de petite taille plaisantaient avec lui sur toutes ses complications médicales : il est vrai que c'est un phénomène, car à lui tout seul il cumule toutes les complications qu'un achondroplase peut rencontrer. Dès sa naissance, neurochirurgiens, chirurgiens orthopédiques, pneumologues, cardiologues sont ses bonnes fées. « Tout était abîmé chez lui », se souvient la mère. « On en a appris des choses avec lui », complète le père pour dire cette immersion totale dans tous les services hospitaliers qui commence à la petite enfance d'Alexis. Ses parents et lui forment une véritable équipe médicale. Il faut au moins cela pour affronter la quarantaine d'opérations que le jeune achondroplase a dû subir jusqu'à son adolescence.

Avant la naissance d'Alexis, tout semble en ordre. La taille, le poids, la mobilité, la tonicité sont normaux, la vie l'accueille à bras ouverts. Le gynécologue de la maternité de la Renaissance à Marseille s'est, à l'occasion de la dernière échographie, légèrement étonné du périmètre crânien du bébé, il a même demandé s'il y avait des antécédents familiaux du côté du père avant de mettre fin à sa curiosité, sans doute un peu courte, par un pronostic flatteur : ce sera un beau bébé. À l'accouchement, l'homme modère pourtant son premier enthousiasme, demande une consultation de contrôle sans alerter outre mesure les parents. Trois semaines plus tard, une généticienne de la Timone, à Marseille, diagnostique l'achondroplasie et trouve les mots justes pour l'annoncer. « Mon Dieu, il va devoir gérer cela en plus », se dit la mère. En plus de quoi ? En plus des vicissitudes de

Dès sa naissance, neurochirurgiens, chirurgiens orthopédiques, pneumologues, cardiologues sont ses bonnes fées.

la vie, de son lot d'illusions et de désillusions, en plus de son cours ordinaire qui distribue plus ou moins équitablement à chacun de nous ses misères et ses splendeurs. La jeune vie d'Alexis commence donc à la Timone, trois mois pendant lesquels tout peut dérailler chaque jour tellement le petit corps est chahuté. « J'ai la rate qui se dilate… l'estomac bien trop bas… les côtes bien trop hautes… le thorax qui se désaxe… » On connaît la chanson. Alexis a beau avoir de nombreux médecins dans sa famille, ils ont rarement vu ça. La trachée s'écrase, la compression médullaire menace, on nourrit le nourrisson par l'estomac, il respire appareillé, lordose et cyphose sont de la fête… comme si les fées jalouses des contes populaires s'étaient acharnées sur le berceau du bébé.

« Notre fils a pris tellement de place que ses deux sœurs ont aujourd'hui des rapports compliqués avec lui. »

L'enfant devient l'urgence, la priorité, l'obsession des parents. Il faut qu'il vive et il vivra, il faut lui donner toutes les chances et on les lui donnera. Un jour il faut qu'il soit heureux et il le sera. Les médecins donnent beaucoup, les parents encore plus.

« Notre fils a pris tellement de place que ses deux sœurs ont aujourd'hui des rapports compliqués avec lui », reconnaît la mère. Lorène et Pauline, les cadettes de 23 et 19 ans aujourd'hui, n'ont pas été délaissées, mais les parents admettent leur avoir moins donné. « Et au fait, comment vont les filles ? » Voilà le maigre bulletin de santé auquel elles avaient droit dans les longues conversations téléphoniques familiales concentrées sur l'état de santé et le développement du frère aîné. Le handicap devient parfois un facteur de dissolution de la fratrie, on ne souligne pas assez ce gros dommage collatéral.

Alexis n'a jamais laissé sa condition physique entraver la conquête de son indépendance : petit, déjà, il allait seul à vélo à son cours de tennis. À 18 ans, il obtient son permis bateau, et part même seul rendre visite à son oncle à Taïwan pendant plus d'un mois. Aujourd'hui, Alexis a 28 ans, il vit dans une dépendance de la maison familiale dans un village entre Cassis et La Ciotat et s'initie au métier d'agent immobilier. L'agence qui l'a recruté a été impressionnée par son talent relationnel. « Un garçon socialement bluffant », dit de lui le père. La mère rappelle que lors d'un échange linguistique scolaire en Italie, les parents avaient oublié de signaler le handicap de leur fils à la famille d'accueil : « Ce sera la surprise Kinder », avait rétorqué le fils pour déminer l'affaire. Le jeune homme a de nombreuses passions, il pêche au harpon dans les calanques de Cassis, joue au ping-pong et au foot, fait la fête avec ses amis. Ses parents ont gagné leur long combat, les médecins aussi. L'enfant de ses parents et de la Timone est heureux. Nuançons toutefois : ce sont ses parents qui le disent, mais ils restent les mieux placés pour savoir que le trou de souris par lequel il est passé est loin. La vie a repris ses droits.

Les parents avaient oublié de signaler le handicap de leur fils à la famille d'accueil : « Ce sera la surprise Kinder », avait rétorqué le fils pour déminer l'affaire.

« Je suis Sonja, pas Mimie. »

Sonja Nemes, 37 ans, Paris

Sa carte d'identité affiche 1,30 mètre. En vrai, elle mesure 1,28 mètre. Qui ne s'est jamais mis un peu sur la pointe des pieds pour gagner quelques centimètres ? Dans la famille de Sonja, tout le monde est grand, ses parents, ses sœurs et son frère. À sa naissance, son oncle, médecin généraliste de son état, vient saluer le bébé comme il se doit. Pris d'un doute, non sur la beauté de sa nièce mais sur sa taille, il demande une radio complémentaire. Celle-ci convertira le doute en diagnostic : Sonja est achondroplase.

La maison familiale de Ville-d'Avray lui offre une enfance sans complication, un havre de paix dans lequel les parents ne font aucune adaptation majeure, quelques tabourets par-ci, par-là et voilà. La chambre de Sonja est au premier, elle y monte par l'escalier comme tout le monde. Son premier mauvais souvenir date de son entrée au CP : la directrice de l'école, accueillant les élèves, leur demande de se lever et, ne s'apercevant pas que Sonja est déjà debout, insiste auprès de la mère pour que sa fille daigne enfin se lever. Couac plus que méchanceté. Négligence plus que ségrégation.

À 10 ans, Sonja avoue à sa mère qu'elle n'en peut plus, qu'elle veut grandir maintenant, ça suffit, elle veut grandir, simplement grandir, merci. Comme si tout cela était une comédie et que l'histoire avait assez duré. La mère, réaliste et compréhensive, sait que la médecine sera plus efficace que le cinéma pour changer la vie de sa fille. Rendez-vous est pris à l'hôpital Saint-Vincent-de-Paul avec un chirurgien. On posera donc des broches à Sonja pour allonger ses tibias et ses péronés. L'opération est réussie mais, à peine finie, elle est sanctionnée par cette demande irrépressible de l'enfant : « Je veux être "désopérée". » Son néologisme le dit, elle a trop mal. On lui posera des broches et elle sera plâtrée

Ça suffit, elle veut grandir, simplement grandir, merci.

pendant deux ans avant de commencer sa longue rééducation à Saint-Fargeau, dans l'Yonne. Sonja n'a qu'une douzaine d'années. Elle est alors en classe de cinquième, dont elle suit les cours depuis Saint-Fargeau. Après la réussite de l'allongement des tibias et des péronés, on lui propose de s'attaquer aux cuisses, ce qui signifie deux ans supplémentaires d'immobilisation. « Non merci », décline la jeune fille qui a reconsidéré le rapport bénéfice-douleur inhérent à ce genre d'interventions chirurgicales très lourdes. Quelques centimètres en plus valent-ils vraiment le sacrifice de quelques années d'adolescence, une scolarité erratique, une longue solitude et autant de souffrance ?

Quelques centimètres en plus valent-ils vraiment le sacrifice de quelques années d'adolescence, une scolarité erratique, une longue solitude et autant de souffrance ?

Sonja reconnaît ne pas avoir le goût des études, ne pas travailler suffisamment ; une nonchalance scolaire sans corrélation aucune avec son handicap. Le collège est une période difficile et fragile, mais elle apprécie que son casier soit en bas, que les livres scolaires lui soient donnés en double exemplaire pour qu'elle n'ait pas à les transporter, que les profs l'autorisent à emprunter leur escalier moins embouteillé pour accéder aux salles de cours. À partir de la classe de quatrième, on lui conseille un BEP technique en école d'art.

Un voyage familial au Brésil va chambouler sa vie, plus que les études. Elle y fera son éducation sentimentale, tombant amoureuse d'un garçon brésilien de taille classique qui bosse dans un garage. La famille rentre en France, le conte de fées brésilien dure cinq ans, le couple s'installe à Orlandia, dans l'État de São Paulo. Son amour pour le garçon passera, mais pas celui pour la langue portugaise ; elle qui n'a pas eu le brevet des collèges décidera même de passer son bac dans la langue de Pessoa. Elle aime ce pays, hospitalier et tolérant, mais quand son amoureux la quitte, malgré l'amitié qui subsiste, elle a pour la première fois le mal du pays, le mal des parents aussi. Retour en douceur à Ville-d'Avray où elle trouve un job d'animatrice dans un centre de loisirs. Sonja rencontre un animateur, Thomas, et vit aujourd'hui avec lui depuis plus de dix ans.

Après avoir été animatrice, elle aura bien d'autres métiers. Elle passe un CAP de pâtisserie, mais finalement ne sera pas prise dans une grande école de cuisine parisienne pour cause de discrimination. Son père insiste mais non, c'est non. Dans ces cas-là on ne rumine pas, on avance. Elle trouve une autre école en Haute-Loire, à côté du Puy-en-Velay, ouvre son labo de pâtisserie aux Grands Voisins, dans l'ancien hôpital Saint-Vincent-de-Paul, là même où elle a été opérée dans son enfance. Puis bosse en *back-office* dans une société de gestion de patrimoine, mais le face-à-face avec son ordinateur dans un bureau la lasse.

Avant Thomas, elle n'avait jamais pensé avoir des enfants. Il le lui propose, elle ne réfléchit pas longtemps. Le parcours natalité de l'hôpital Necker sera sa réponse. Elle ne veut pas d'enfant de petite taille mais mesure le risque qu'elle prend, alors que Thomas se sent prêt à accueillir un enfant comme sa femme. Sonja est exaucée, sa grossesse est heureuse et sans complication, «juste un peu longue», dit la future maman. Quelle mère ne trouve pas la grossesse un peu longue ? Marin naît, sa fierté, sa victoire, son bonheur. Un jour, son fils lui dit qu'il veut rester comme elle, car s'il reste petit, le père Noël pourra lui apporter des cadeaux toute sa vie. Maintenant qu'il a grandi, dans les deux sens du terme, il explique à ses amis que si sa maman est petite, c'est parce qu'elle a un handicap. Quand un enfant lui demande si elle est comme elle est parce qu'elle n'a pas mangé assez de soupe ou de légumes, Sonja

Un jour, son fils lui dit qu'il veut rester comme elle, car s'il reste petit, le père Noël pourra lui apporter des cadeaux toute sa vie.

sourit, rassure et explique. Et quand un autre s'interroge pour savoir pourquoi la petite maman porte son sac à dos devant elle et pas dans le dos, elle a envie de répondre : « Parce que les pickpockets sont pour tout le monde, mon chéri. »

Adolescente, Sonja était fan de Mimie Mathy. Après le spectacle, *J'adore papoter avec vous*, elle rencontre son idole. Elle en attend beaucoup, trop peut-être, elle en recevra peu et repartira avec une simple photo. Aujourd'hui, elle n'a pas oublié celle qu'elle a adorée mais se souvient de sa déception. Quand dans la rue on l'interpelle en disant : « Tiens, t'as vu ? Mimie est de sortie », cela l'insupporte. Moins cependant que ce soir où, sortant d'un restaurant, elle sent que quelqu'un la suit en gloussant et en marchant sur les genoux. Quand il lui arrive de ne pas être vue par la boulangère parce que son nez est à peu près à la hauteur des croissants de l'étagère du bas, elle n'en veut pas à la boulangère, mais au type dans la queue qui en profite pour la doubler.

Le développé couché est sa nouvelle passion et elle rêve de représenter cette discipline aux Jeux olympiques et paralympiques de Los Angeles en 2028.

Son arthrose précoce la travaille un peu, mais elle la retarde en faisant beaucoup de sport. Le développé couché est sa nouvelle passion et elle rêve de représenter cette discipline aux Jeux olympiques et paralympiques de Los Angeles en 2028. On peut faire confiance à Sonja pour aller jusqu'au bout et pousser à fond ses pectoraux, ses triceps, ses deltoïdes et ses abdominaux pour qu'ils soient à la hauteur. Exigeante et perfectionniste, elle prépare aussi avec son coach sportif le GR 20 de Corse, soit une petite vingtaine de kilomètres par jour. Sa vie amoureuse et maternelle l'a rendue plus forte, ses performances sportives sont sa meilleure médecine. Elle doute moins aujourd'hui de son intelligence, comme cela a pu lui arriver dans son adolescence quand on lui expliquait qu'elle ne devrait pas viser bien plus haut que le brevet des collèges. Confirmer le cliché ravageur « petite taille, petit cerveau » ? Non merci, pas pour elle. Ni pour aucune autre personne de petite taille. « Je n'aurais pas pu être déménageuse ou hôtesse de l'air. » L'humour a toujours été son véritable ange gardien, l'humour que Romain Gary définissait comme « une affirmation de la dignité, une déclaration de la supériorité de l'homme face à ce qui lui arrive ». L'humour ne fait grandir personne mais nous aide tous à vivre, que nous ayons quelques centimètres en plus ou en moins.

VICTOR
groupe

« Tu as été porté comme un trophée, aujourd'hui le trophée c'est toi qui le portes. »

CHARLES NOAKES, 28 ANS, NANTES

Attention, tu es fragile, tu n'es pas tout à fait comme les autres, tu risques de te blesser, tu vas souffrir, cela va être dur et de surcroît tu n'es même pas sûr d'y arriver. Le « tu » est ici fictif mais ces propos sont l'essentiel de la vulgate du découragement, du bréviaire du renoncement. Ils sont généralement ce que les parents expliquent à leurs enfants vulnérables. À quelques exceptions remarquables. Pendant toute son enfance, les parents de Charles l'ont encouragé à construire sa vie sans aucune barrière. Après son bac, le fils passe une licence en management du sport mais il se sent plus l'âme d'un sportif que d'un manager. Adolescent, déjà, il préférait s'épuiser sur un terrain de foot que s'ennuyer comme une statue de sel dans une salle de cours. Et il prouvera que la volonté, la rage de vivre et de vaincre ne dépendent pas de quelques centimètres en moins.

« Elle n'avait jamais reçu ce dont un enfant a le plus besoin : de la considération. C'est encore plus important que l'amour. Être regardé pour ce que l'on est, c'est cela, être considéré », écrit Amélie Nothomb à propos de la sœur de sa mère dans son roman *Tant mieux*. Cette considération, le jeune garçon hypochondroplase a eu la chance de la recevoir très tôt, de la part de ses parents, de son coach, de sa psychologue.

Pendant toute son enfance, les parents de Charles l'ont encouragé à construire sa vie sans aucune barrière.

Sa pathologie ne devient visible que pendant son année de CE1. Mais ce n'est pas elle qui va limiter ses rêves ou ses ambitions. Non, ses jambes un peu arquées, ses avant-bras plus courts ou sa dyspraxie ne seront pas des obstacles sur le chemin qu'il s'est fixé. *Impossible is nothing*, dit le slogan de la marque Adidas. Encore plus fort que le *Just do it* de Nike. C'est exactement le credo de Charles, 1,47 mètre, qui, en prime, a une arme fatale, son autodérision. « Dès l'instant où je suis capable de me moquer de moi-même, je désamorce la moquerie des autres, j'en neutralise la charge toxique. » La moquerie, comme la charité, devrait toujours être bien ordonnée et commencer par soi-même. Charles jubile pendant les entraînements au Creps de Nantes avec les autres personnes handicapées, quand l'excitation du match est décuplée par le sens de la vanne : le gars qui joue en fauteuil devient le « légume », celui à qui il manque un bras, le « manchot ». Tous égaux par le sport, tous égaux par la blague.

Ses premiers amours vont au foot et au judo, puis il commence le badminton à 17 ans seulement et joue en pro à partir de 20 ans. Grâce au sport, le champion en herbe se sent comme un « humain lambda ». Ce sont ses propres mots dans la mini-série *Incassable*, dont il est l'un des héros, aux côtés de Maxime Valet, escrimeur en fauteuil, Guillaume Toucoullet, tireur à l'arc à la bouche, Anaëlle Roulet, paranageuse, Cédric Nankin, rugbyman en fauteuil, et quelques autres stars. Il se trouve que Charles n'est pas resté un humain tout à fait lambda. Le sport l'a sauvé au moins deux fois : d'abord en en faisant un humain comme les autres, ensuite en en faisant une gloire nationale et une star internationale. Dans un premier temps, le sport l'aide à accepter son corps, à l'apprivoiser, dans un second temps, il en fait une machine à gagner, l'objet d'une transfiguration.

Grâce au sport, le champion en herbe se sent comme un « humain lambda ».

Jeune, Charles était timide. Quelques années plus tard, il gagne la finale de badminton des Jeux paralympiques de Paris à l'Arena, porte de la Chapelle, contre le britannique Kristen Coombs, devant plus de 3 millions de téléspectateurs. Et le lendemain, toutes les télévisions et les radios de France le réclament. Son destin s'accomplit, son talent explose à la face du monde, sa rigueur et sa persévérance deviennent une légende. Il prend la pose, lui si timide, avec le président de la République et les autres médaillés d'or, Léon, Teddy, Antoine, Cassandre, Pauline, Manon. Le champion exulte mais son coach, simple, fidèle et juste, le rappelle aussitôt à l'ordre, à la sagesse plutôt : « Ne sois pas le tube de l'été. » Il n'oubliera jamais cette phrase, pas plus que celle, magnifique aussi, de sa psychologue qui, le soir de son triomphe, lui demande de repenser à ce jour funeste où un grand gaillard, pour impressionner à bon compte ses camarades, l'avait soulevé comme un trophée devant toute la classe du collège : « Aujourd'hui tu tiens ta revanche, Charles, le trophée ce n'est plus toi, c'est toi qui le portes. »

Aux Jeux olympiques et paralympiques de Paris 2024, il gagne tous ses matchs en deux sets très disputés. Il joue d'abord contre le Brésilien, puis le Chinois, puis le Britannique, à nouveau contre le Brésilien et enfin contre le Britannique en finale. Un tableau de chasse idéal qu'il doit, outre à son talent personnel, à son équipe parfaite : ses parents, son coach et sa psychologue. Ses parents lui apportent la considération, sans laquelle nul ne tient debout, et l'amour, qui rend possible ce qui semblait impossible ; son coach fait de son corps une machine de guerre ; sa psychologue lui forge un mental de boxeur.

Enfant, Charles rêvait de devenir pilote de ligne ou pompier. Comprenant assez vite tout seul qu'il « ne cochait pas les cases », il deviendra l'homme qu'il est devenu. Il avoue avoir toujours voulu faire quelque chose de grand. C'est fait. Dans la chaleur estivale, repensant à la sagesse de son coach et à la fable du tube de l'été, il prépare les Championnats d'Europe et les prochains Championnats du monde qui auront lieu au Bahreïn. Dans sa chambre, un grand tableau de bord l'aide à visualiser et à mentaliser parfaitement ses objectifs,

Il avoue avoir toujours voulu faire quelque chose de grand. C'est fait.

ses adversaires et son agenda pendant les cinq ans de préparation, à raison de six heures d'entraînement par jour. Et sa playlist préférée lui apporte chaque matin une dose d'énergie supplémentaire. Raging Bull et Rocky ne se préparaient pas autrement. En attendant, il jouera en Thaïlande, au pays de Galles, en Chine, en Turquie, en Indonésie et au Japon. Il faut bien garder la forme.

Son amoureuse est marathonienne et, comme lui, de petite taille. Imaginons qu'un jour ils aient des enfants : seront-ils badistes ou marathoniens ? Sans doute ni l'un ni l'autre, car leurs parents auront su leur donner les ressources pour qu'ils s'inventent une vie à eux.

Avant la bataille décisive de Gaugamèles contre la gigantesque armée de l'empereur perse Darius III, Alexandre le Grand aurait exhorté au combat ses hommes qui savaient qu'ils se battraient à un contre six, et en prime contre des éléphants, monstres qu'ils n'avaient jamais vus, par ces mots : « Surmontez votre peur et vous serez plus forts que la mort ! » La victoire grecque fut éclatante. Alexis Hanquinquant le triathlète, Lucas Mazur le badiste, Nantenin Keïta, la sprinteuse, Arnaud Assoumani, le champion du saut en longueur sans avant-bras gauche, Ugo Didier, le nageur atteint de dystrophie musculaire, toutes celles et ceux qui ont brillé avant ou avec Charles le savent : la peur, le doute, la honte de soi sont des obstacles bien plus fatals sur le chemin de la vie et de la victoire que la petite taille et le handicap.

« Surmontez votre peur et vous serez plus forts que la mort ! »

« J'aimerais travailler dans le monde de la rééducation. Étonnant, n'est-ce pas ? »

Armand Piraud,
18 ans, Aix-en-Provence

Nadia, Florent, Clara, Armand, Nils. Ils sont cinq, liés par le sang, les gènes et l'amour, une famille. Cinq comme les doigts de la main, tous de tailles différentes. « Armand est le grand des petits et le petit des grands », dit sa mère. Le jeune homme, atteint d'hypochondroplasie, a 18 ans et mesure 1,48 mètre. Pour son oral du bac, il a choisi de parler de l'achondroplasie, « un sujet qui sort du lot », dit-il avec le sourire. Sa propre pathologie sort aussi du lot puisqu'elle concerne une naissance sur 38 000. Certaines études épidémiologiques estiment même l'incidence à 1 sur 50 0000, ce qui fait dire à Clara, sa sœur aînée, que son frère est vraiment un « cas rare », pathologiquement rare et humainement rare, car elle est très attachée à lui. « Il est mon frère mais je ne le vois pas à travers sa maladie », déclare celle qui a toujours pris sa défense, chaque fois qu'il a pu être rabaissé ou moqué.

À Tours, pendant la grossesse de la mère d'Armand, le suivi médical note un problème d'espacement interosseux et une taille en dessous de la moyenne. Est-ce un simple retard de croissance intra-utérin ? Une pathologie osseuse ? Les endocrinologues, généticiens ou radiologues consultés émettent des hypothèses, mais ne posent pas de diagnostic définitif. Une seule chose semble certaine, l'enfant ne sera pas très grand, mais après tout, Tom Cruise n'est pas très grand non plus. Pas très grand, certes, mais pas très grand comment ? Ou plutôt pas très grand de combien ? C'est l'heure des généralités, des banalités surtout : « Il faut de tout pour faire un monde, des grands et des petits. » Il y a des circonstances où la banalité apaise, rassure, suffit à occuper le terrain, à mettre l'esprit sous chloroforme, à créer du consensus. À d'autres moments, plus critiques, on ne supporte plus son effet cache-misère.

« Armand est le grand des petits et le petit des grands. »

Alors on comble le vide comme on peut, on pense à tout et donc aussi à n'importe quoi, on se documente seul, donc mal, et les pages Google et Wikipédia décuplent encore l'inquiétude.

La naissance du frère de Clara et de Nils est provoquée un mois avant terme. Peu de temps après, la famille s'installe dans le Sud, à Aix-en-Provence. Le diagnostic tombe à Marseille, quand l'enfant a 18 mois. « Votre fils est atteint d'hypochondroplasie. » Les parents se calment enfin. La ronde des consultations au Centre hospitalier de la Timone commence. Comme ses parents le lui ont expliqué, Armand, enfant, a toujours dit qu'il était petit parce qu'il avait une maladie. Ses parents essaient de surmonter leur premier sentiment de culpabilité, réaction émotive scientifiquement infondée mais si humaine ; les grands-mères ont plus de mal, elles pensent que le dysfonctionnement génétique peut venir d'elles.

Comme ses parents le lui ont expliqué, Armand, enfant, a toujours dit qu'il était petit parce qu'il avait une maladie.

Pour mieux se familiariser avec les visites régulières dans le grand hôpital de Marseille, les parents parlent de « contrôle technique » pour évoquer le suivi médical de leurs fils. Et tous les bons résultats du contrôle technique sont postés sur un groupe Facebook, centimètre par centimètre. Chacun d'entre eux est une victoire ; les parents espèrent que leur fils sera le moins petit possible et l'hormone de croissance est au service de leurs espoirs. On l'administre à Armand depuis qu'il a 2 ans. Dès qu'il a 11 ans, il prend le relais en devenant l'adolescent au pistolet, cette arme thérapeutique lui permettant de s'injecter lui-même chaque jour sa dose d'hormone de croissance. « Comme une potion magique avec un effet de dopage sportif », dira-t-il.

« Afin d'avoir toutes les cartes en main », l'orthopédiste qui suit Armand insiste pour qu'il consulte « un allongeur » à Marseille. Le chirurgien leur explique comment il a rendu heureuses des centaines de femmes sud-américaines installées en Californie en leur donnant la chance de correspondre au standard de la beauté du Golden State par un allongement des tibias et des fémurs d'au moins une dizaine de centimètres. À quoi tient le bonheur ? Au look Nicole Kidman quand on vient du Mexique ou du Guatemala ? Cette jeune Chinoise persuadée qu'elle décrochera un poste plus prestigieux avec quelques centimètres en plus ou ce mannequin, certaine d'être plus désirable sur le marché et de gagner plus d'argent, sont prêtes à endurer le pire pour réaliser leur fantasme de beauté et de réussite. Mais Armand ? Armand ne sera jamais Kendall Jenner.

« Nous faisons tout pour être suffisamment bons afin que notre enfant soit suffisamment heureux et ait peut-être envie de fonder un jour une famille. »

Dans la voiture sur la route du retour à Aix-en-Provence, les parents, sortant de la consultation avec le chirurgien allongeur, restent muets, sidérés par ce qu'ils ont vu. Non, même si leur fils le leur demandait, ils s'opposeraient à tout projet de reconstruction osseuse. Leur fils ne sera pas un gratte-ciel, un tas d'os et de métal qui rouille plus vite que la moyenne des constructions. La mère a une autre stratégie parentale pour élever son fils : « Nous faisons tout pour être suffisamment bons afin que notre enfant soit suffisamment heureux et ait peut-être envie de fonder un jour une famille. » Le « peut-être » est justifié, car si Armand décidait d'avoir un enfant, il y aurait un risque sur deux pour que son fils ou sa fille hérite de sa pathologie.

Dans son prénom, on entend les mots « arme » et « amour », soit ce que sa famille lui donne. La mère a le sentiment que Nils, le jeune frère, a freiné sa croissance, comme si longtemps il ne s'était pas autorisé à dépasser son aîné. Jusqu'au jour où sa croissance naturelle l'a emporté. C'est un sujet dont elle aime parler avec les autres mères de l'association : est-il possible que chez les jeunes frères, un processus physiologique ou inconscient se mette en place pour ne pas dépasser trop vite leur aîné ? Est-il possible que le sentiment fraternel reprogramme un peu la croissance naturelle, au point de la retarder ?

Son jeune frère aime dire que les gens de taille classique ne lui semblent pas toujours normaux.

Aujourd'hui, Armand étudie au lycée de la commune de Vauvenargues, où vécut le moraliste du même nom, ami de Voltaire, et où Picasso est enterré. Il aime la biologie, l'histoire et le sport. Il a eu la chance, dans la rue comme à l'école, de ne pas être trop souvent la cible de la bêtise humaine, l'objet du grand défouloir social, de la méchanceté de la tribu qui se croit normale ou supérieure, faisant d'ailleurs souvent de sa seule normalité la preuve ultime de sa supériorité. Un jour seulement, pour la photo de classe de terminale, son professeur principal lui a posé deux fois la même question pour s'assurer qu'il ne s'était pas trompé de classe ou de section. Ce jour-là, ses copains, toujours parfaitement solidaires, l'ont vite aidé à oublier la maladresse. Rien de méchant.

Tout juste bachelier avec une mention bien, le jeune homme aimerait travailler dans le monde de la rééducation et de la réadaptation. « Étonnant, n'est-ce pas ? » souligne-t-il discrètement. Avec un peu d'appréhension, il prépare aujourd'hui son entrée en cité universitaire pour poursuivre ses études à Rennes, Marseille ou Lyon. Son jeune frère aime dire que les gens de taille classique ne lui semblent pas toujours normaux. Sa sœur, son plus intime garde du corps et son ange gardien à distance depuis qu'elle vit à Paris pour ses études de théâtre, lui raconte ce qu'elle aime ou découvre : Pina Bausch, Marlene Dietrich, Claude Lelouch, le Festival de Cannes.

Son père s'occupe chaque été du Festival international de musique de chambre de Salon-de-Provence. Cette année, à l'abbaye de Sainte-Croix, on y écoutera les suites de Bach pour violoncelle, les romances de Clara Schumann, les sonates de Mozart pour violon et piano ou les *Dichterliebe* de Robert Schumann. Schumann, c'est certain, l'aide à préparer le dossier MDPH de son fils avec sa femme. Le père se définit comme « contre-idéaliste », belle expression qui veut sans doute dire qu'il a renoncé à ses illusions mais pas à ses rêves. Clara se sent artiste, pacifiste, antifasciste, voudrait que les gens sur cette terre s'écoutent, se comprennent, s'enrichissent les uns les autres, et pas que d'argent. La mère rêve de paix et de tolérance. Le petit frère aimerait que dans ce monde, chaque différence soit une force. Cela fait rire le père : « Tous des gauchistes », dit-il.

Quant au marquis de Vauvenargues, le moraliste du village, voici l'une de ses maximes et réflexions : « Qui sait tout souffrir peut tout oser. » Armand, à toi de jouer.

*« Qu'est-ce qu'on a fait
pour que ça
nous tombe dessus ? »*

**Sébastien Renaud,
45 ans, La Roche-sur-Yon**

Rien. Vous n'avez rien fait, ni vous ni vos parents. Ni Dieu, ni Darwin, ni personne. C'est une mutation du gène du récepteur 3 du facteur de croissance fibroplastique qui a « fait ». Mais elle non plus n'a rien fait, elle est simplement le facteur responsable de la dysplasie osseuse. Ce qui est vrai, c'est que cela vous tombe dessus et que cela change plus d'une vie. La question que pose Sébastien est universelle. « On a beau vous expliquer, on met quand même un peu de temps à digérer », commente avec pudeur le quadragénaire.

Il a grandi entre La Roche-sur-Yon et Noirmoutier, à Challans, lieu de combats féroces entre républicains et royalistes pendant les guerres de Vendée : sa jeunesse avec ses parents, deux sœurs aînées et un frère, tous de taille classique, sera une période plus douce, même si lui aussi a dû se battre contre les préjugés, les suspicions, les gestes déplacés. Comme celui, par exemple, d'un recruteur qui vient de l'embaucher pour devenir animateur-éducateur au centre des apprentis de La Roche-sur-Yon. À la fin de l'entretien, l'homme lui caresse la tête, un geste paternaliste censé être amical et bienveillant, sans doute un signe d'encouragement et de félicitations.

« On a beau vous expliquer, on met quand même un peu de temps à digérer. »

« Ah bon, ainsi vous caressez la tête de tous les gens que vous embauchez ? » lui demande le jeune lauréat, respectueux mais ironique. Avant qu'il n'obtienne ce poste qu'il adore, on a souvent douté de ses capacités d'encadrement, de son autorité naturelle, de sa légitimité à encadrer des adolescents en groupe, malgré son bac en sciences médico-sociales et son brevet d'État d'animateur. Comme si on allait lui marcher dessus, comme si on allait forcément passer outre ses ordres, négliger ses avis, se moquer de ses conseils. Comme s'il fallait mesurer plus de 1,80 mètre pour se faire respecter.

À sa naissance, il y a quarante-quatre ans, c'est sa mère qui fait remarquer à la sage-femme que son fils n'est vraiment pas très grand. Autres temps, autres mœurs. Elle l'élève comme son frère et ses sœurs : pas de régime spécial, il faut que l'enfant apprenne à se débrouiller, à conquérir son autonomie. La seule adaptation concédée est celle du cadre de son vélo. Sébastien se souvient de sa fratrie particulièrement protectrice pendant son enfance, presque trop parfois. Le collège, comme souvent les années charnières, fut la période la plus critique de sa jeunesse pour au moins deux raisons, l'une logistique, l'autre sentimentale. Les antiques tables aux encriers fleurant bon la cire fraîche avec leurs chaises scellées ne sont pas les plus accueillantes pour des corps plus malhabiles ou plus disproportionnés : reliques de la Troisième République, elles sont comme un carcan dans lequel on plonge ses jambes au début de chaque cours sans grand espoir de les bouger librement. La deuxième raison est plus cruelle : au bal, les jeunes filles préfèrent danser avec des cavaliers plus grands. Dans les discothèques, il jouait souvent le barman ; tant qu'il restait derrière son comptoir, juché sur son tabouret de bar, la séduction opérait. Mais dès qu'il quittait son perchoir, le prince charmant perdait de sa superbe. Déconvenue classique à laquelle il faut ajouter l'année noire où les copains du collège vous mettent deux têtes pendant que vous décollez d'un petit centimètre. Et où les autres ont facilement tendance, pour peu que vous ayez de l'humour, à vous prendre pour le petit rigolo de la bande, pour ne pas dire le nain Joyeux de *Blanche-Neige*.

Dans les discothèques, il jouait souvent le barman ; tant qu'il restait derrière son comptoir, juché sur son tabouret de bar, la séduction opérait.

Sa mère a toujours été son ange gardien, sa confidente. « Oh, la vache », s'exclame-t-il à 13 ans quand elle l'accompagne à sa première convention de l'APPT où il est confronté à une centaine de personnes de petite taille. Du haut de son 1,38 mètre, il se sent grand mais surtout moins seul.

À 14 ans, l'adolescent est prêt à tout pour gagner un peu de hauteur. Il décide de se faire allonger les os. Quand son médecin lui montre une vidéo sur la pratique, très en vogue à l'époque aux États-Unis, et lui demande de mesurer les avantages et les inconvénients, d'évaluer rationnellement les risques et les bénéfices d'une décision qui engage sa vie, il réfléchit. Suffit-il d'être un peu plus grand pour être un peu plus heureux ? Il anticipe les douleurs consécutives à l'allongement des os, le temps qu'il lui faudra passer de l'autre côté de l'Atlantique, loin de sa famille, la solitude, la rééducation lente. Sa Vendée natale lui manque déjà. Il ne traversera pas l'océan pour gagner quelques centimètres et ne regrettera jamais ce premier grand choix de jeunesse. Il a beau savoir que la vie serait plus facile s'il mesurait 1,50 mètre au lieu de 1,38 mètre, il est fier aujourd'hui de ne pas avoir cédé aux sirènes américaines. Bien sûr, avec une bonne petite élévation artificielle, il ne serait plus obligé, quand il fait ses courses, de faire un petit bond en hauteur pour se signaler au détecteur visuel qui ouvre la porte automatique des grandes surfaces, il attraperait plus facilement son pot de confiture qui a traîtreusement roulé au fond du caddie, il n'aurait pas besoin d'un adaptateur pour rehausser les pédales de sa voiture. Mais il serait un homme brisé.

Il ne traversera pas l'océan pour gagner quelques centimètres et ne regrettera jamais ce premier grand choix de jeunesse.

Après une première alerte de motricité sur sa jambe droite, le dos de Sébastien est complètement refait à la clinique de Nantes. Il a 16 ans. Son dos est toujours sous haute surveillance : une IRM tous les deux ans. Il parle aujourd'hui sans complexe de son canal rachidien étroit et raconte comment, avec l'âge, il a appris à écouter son corps. « Notre corps ne ment jamais », écrivait la psychanalyste suisse Alice Miller dans son livre éponyme, précisant que « la fatigue caractéristique de la dépression nous envahit chaque fois que nous réprimons nos émotions fortes, que nous refusons de prêter attention à la mémoire de notre corps ». Sébastien, sans avoir lu Alice Miller, a toujours su d'instinct qu'il fallait ne rien garder pour soi de ses souffrances. Il a toujours verbalisé et partagé les siennes, et conseille de faire de même aux adolescents apprentis bouchers, pâtissiers, mécaniciens ou coiffeurs dont il suit le parcours éducatif au sein du centre des apprentis.

Quand il « s'affirme en tant qu'homosexuel », l'expression est la sienne, entre 22 et 23 ans, tout le monde pense que c'est par défaut, faute d'avoir su plaire aux filles. Sauf ses sœurs et sa mère. « Enfin, tu te décides ! » lui dit celle qui l'a toujours protégé, soutenu, encouragé. Aujourd'hui, il arpente la Vendée, du marais breton au marais poitevin, pour sensibiliser les femmes et les hommes de bonne volonté à la juste considération du handicap. Il n'est pas fou du langage politiquement correct qui milite pour l'usage universel de l'expression « personne de petite taille » afin de remplacer définitivement le mot « nain ». Mot pour lequel il avoue la plus tendre indulgence, à condition qu'il sorte de la bouche des enfants – « Oh, un nain ! » – et que l'étonnement naturel de son émetteur ne soit pas lesté d'un gramme de dénigrement. Quand il croise des enfants curieux de savoir s'il est vraiment un « petit papa », il répond, amusé, qu'il est plus petit que papa et leur explique que, contrairement à lui, ils vont continuer à grandir.

Sébastien, sans avoir lu Alice Miller, a toujours su d'instinct qu'il fallait ne rien garder pour soi de ses souffrances.

Plus jeune, on l'a déjà sollicité pour des « lancers de nains », pour des combats dans des clubs ou pour incarner l'ours Ted dans de joyeux événements. La fête, quoi. Pas vraiment le genre de celui qui dit crânement de lui-même : « Je suis petit, certes, mais j'ai un caractère, c'est ce qui fait ma force. » La force de dire non, de préférer sa dignité à quelques euros de plus. « L'individu normal suscite l'envie parce qu'il n'a pas besoin de s'efforcer continuellement d'être admirable, parce qu'il n'a pas à chercher à paraître comme ceci ou comme cela mais qu'il peut tout tranquillement se permettre d'être comme il est », écrit Alice Miller dans *L'Avenir du drame de l'enfant doué*. Gageons que cette pensée plaise beaucoup à Sébastien. Et qu'un jour les personnes de petite taille seront considérées comme des personnes qui pourront se permettre d'être comme elles sont. Tout tranquillement.

« Je suis petit, certes, mais j'ai un caractère, c'est ce qui fait ma force. »

« Maman, je suis petite, petite, petite. »

Sophie Smorowski, 38 ans, Chocques

Si elle était milliardaire, elle commencerait par financer une formation obligatoire pour tous les médecins, pour leur apprendre le tact. Ensuite, elle installerait des marchepieds dans tous les lieux publics. Vous aurez remarqué qu'il y a encore bien peu de marchepieds… Ce qui prouve une chose : Sophie n'est pas milliardaire.

Alors que depuis cinq mois, elle est enceinte pour la seconde fois, sa gynécologue de Beuvry prescrit une échographie de référence à l'hôpital de Lens. L'inquiétude monte. À Lens, le choc est rude. On lui demande, sans autre commentaire ni précaution, quelle sera sa décision. Comme si la mère avait déjà décidé, comme si elle avait même compris qu'elle devait prendre une décision importante, dramatique. Or elle ne comprend rien, il faut dire qu'on lui explique peu. Le bébé ne grandit pas assez, son fémur est trop court dans le ventre de Sophie. Là non plus, les médecins ne comprennent pas exactement ce qui se passe. Mais le doute des médecins n'est pas de même nature que l'angoisse d'une mère. On ne lui prédit pas le meilleur, même si, après l'amniocentèse, on n'a rien détecté de particulier. « Tu tombes des nues, quoi ! », commente Sophie en se souvenant de cet épisode. Quatre ans plus tard, sa détresse est encore palpable.

On lui demande, sans autre commentaire ni précaution, quelle sera sa décision.

Sophie a déjà eu un fils, grossesse facile, naissance heureuse. Elle accouche le 13 mai 2021 de Loélie. Ah, le joli mois de mai ! La sage-femme lui trouve les membres un peu courts mais rien de flagrant, ça devrait aller. Cela n'ira pas. Après un examen postnatal complémentaire à Lille, on avance l'hypothèse d'une maladie dégénérative sévère qui fera de sa fille une polyhandicapée. Les parents commencent leur descente aux enfers. Leur petite fille qui vient de naître est-elle vraiment condamnée ? Faut-il se faire à cette idée ? Comment ? Qui serait prêt à supporter cela ? Après tout, ce ne sont que des hypothèses et même les plus savants des savants peuvent se tromper. La science n'avance-t-elle pas par un jeu de balance entre la validation et l'invalidation de ses hypothèses ? Mais des parents angoissés n'ont pas vraiment l'esprit à la science, ils ont d'autres urgences.

Enfin, le bon diagnostic tombe : c'est un cas de dysplasie acromésomélique type Maroteaux. Des mots grecs s'abattent soudain sur le petit corps de Loélie, des mots que la mère doit dire d'une traite, presque sans respirer, pour ne pas les écorcher. C'est dur, mais c'est un soulagement. Sa fille fait partie de la dizaine de cas que compte cette pathologie en France. Dans l'annonce du diagnostic, il y a plusieurs bonnes nouvelles : d'abord on sait, donc on pourra anticiper, surveiller, aider l'enfant à vivre le mieux possible. Deuxième bonne nouvelle : le type Maroteaux, du nom du pédiatre et généticien français, est moins sévère que les pathologies de type Grebe ou de type Hunter-Thompson. Troisième bonne nouvelle : des grands laboratoires travaillent sur les nouveaux traitements de la dysplasie acromésomélique. Quatrième bonne nouvelle : ses parents l'aiment.

Des mots grecs s'abattent soudain sur le petit corps de Loélie, des mots que la mère doit dire d'une traite, presque sans respirer, pour ne pas les écorcher.

Loélie grandit, bavarde, drôle, vive, joyeuse, pleine de présence. Mais le malheur frappe à nouveau. Sophie perd un membre de sa famille. Ce jour funeste restera gravé dans sa mémoire, non seulement pour la douleur du deuil, mais aussi pour ce qu'elle entend, dans le hall du salon funéraire. Alors que la famille se recueille, elle surprend une phrase déplacée prononcée à voix haute : « Voici Sophie, sa fille est naine, elle va vous montrer une photo. » Une remarque anodine en apparence mais, dans ce contexte, un coup de froid. Il y a des mots qui détonnent, même s'ils ne se veulent pas malveillants. Des mots qui tombent comme un voile d'indifférence, là où le silence aurait été plus digne.

Sophie sait que son conjoint et elle font tout pour donner des armes à leur fille. Pourtant, elle se méfie toujours de la violence du dehors, celle qui surgit au coin d'une rue, dans une cour de récréation, au détour d'une conversation banale, une violence souvent tapie au fond de l'ignorance ou de la peur plus que dans l'esprit du mal. Un jour – était-ce un anniversaire ou une petite fête juste pour le plaisir ? Elle ne se souvient plus –, une amie débarque avec un cadeau pour sa fille : le conte *Blanche-Neige et les sept nains*. Devant une telle indélicatesse, Sophie reste muette. «Je ne veux pas en faire une montagne alors je ne dis rien.» Quels sont les moments dans une vie où il faut parler, ceux où il faut hurler, ceux où il faut témoigner, ceux où il faut se taire ? Chacun en décidera.

Quels sont les moments dans une vie où il faut parler, ceux où il faut hurler, ceux où il faut témoigner, ceux où il faut se taire ?

Quand elle demande à sa mère de l'accompagner aux toilettes ou quand elle en revient, Loélie dit souvent : « Maman, je suis petite, petite, petite.» Comme si la répétition du mot fatal pouvait conjurer son sort. Adulte, elle ne dépassera pas 1,20 mètre. En attendant, la mère est fière quand sa fille va chercher toute seule son yaourt dans le frigidaire et compréhensive quand, parfois, de retour de l'école, elle lui dit sur un ton presque autoritaire : « Maman, je veux que mes copines arrêtent de grandir ! »

À tout juste 4 ans, juste avant une rencontre avec les membres de l'APPT (association avec laquelle elle est familiarisée), elle était réticente à l'idée de passer un week-end avec d'autres personnes de petite taille. « Je veux pas y aller, il n'y a que des gens petits », disait-elle. Un peu à l'image de ce que sa mère, en plein désarroi, avait ressenti dans ses premiers échanges avec les membres de l'association. Celle qui avait alors tellement besoin de voir ce qu'il restait de bleu dans le ciel avait eu l'impression d'un horizon plutôt sombre. L'effet miroir est toujours un cap à passer. Aujourd'hui, Sophie, reconnaissante, sait exactement tout ce que sa famille doit à l'association.

« Je suis la souffrance de l'autre, elle est en moi plus que moi-même. C'est ce lien, cette prise morale d'un corps par un autre corps que nous essayons de filmer », note Luc Dardenne dans *Au dos de nos images*, une réflexion sur le cinéma qu'il cosigne avec son frère Jean-Pierre. Sophie, lucide, sincère, sans filtre, pourrait tourner dans un film des Dardenne. Quand elle raconte son histoire, on sent qu'elle est la souffrance de l'autre, de ceux qu'elle aime, de ceux qu'elle aime moins aussi parce qu'ils ont pu lui faire mal. Sophie fait face, se débrouille. Son homme est avec elle, au sens plein du terme.

« Je veux pas y aller, il n'y a que des gens petits. »

Sophie, comme son nom l'indique, est une image de la sagesse. « L'amour n'est pas consolation, il est lumière », écrit Simone Weil. La lumière, la jeune femme la cherche dans les yeux de Loélie, auprès de son homme, dans le sourire de son fils. Et elle la trouve.

« Êtes-vous déjà allé au cirque voir des nains ? »

FLORENCE TALBI, 67 ANS, PARIS

Son fils, une trentaine d'années aujourd'hui, lui a un jour soumis l'hypothèse suivante : « Tu sais, maman, si tu avais été plus grande, de taille classique comme on dit, tu ne serais peut-être pas devenue la femme que tu es. » Florence a été ingénieure hospitalière puis directrice d'établissement, et a fait une brillante carrière dans la santé. Lorsqu'elle occupait des postes dans des conseils d'administration ou dirigeait des établissements de santé, elle n'a jamais demandé que son poste soit adapté à sa taille.

Florence raconte que quand on annonce à son père qu'il va avoir une fille achondroplase, il ne comprend pas, il « n'entend pas ». Pour que les choses soient bien claires, le pédiatre lui demande « s'il est déjà allé au cirque », car « c'est bien là que sont les nains, n'est-ce pas ? » Il y a plus doux pour annoncer l'heureux événement. Mais est-ce tout à fait un heureux événement ? Ce qui est certain, c'est que ce n'est jamais l'événement attendu ; pour le reste, il revient à chacun d'en juger à l'aune de son histoire personnelle, de son éducation, de sa culture, de ses convictions philosophiques ou religieuses, à la lumière aussi de ses propres blessures et de ses espoirs. Certains vivent comme un don ce que d'autres vivent comme une catastrophe. Le choc produit en chacun des ondes sismiques différentes qui, au cours de la vie, ne sédimentent jamais de la même façon. Quand, avec le recul de sa réussite personnelle et de l'époque, Florence repense à la brutalité de ces mots, elle ne les trouve pas complètement infondés. L'époque était plus dure, les progrès de la recherche, encore à venir, la formation des soignants, quasi inexistante, les mentalités, moins ouvertes. On faisait dormir les enfants de petite taille dans une coquille de plâtre, ils portaient un corset en fer pour ne pas s'effondrer, pour « se tenir droit », pour avancer, pour s'exprimer, pour marcher ; souvent on les forçait à s'allonger sur des sacs de sable pour étirer leur colonne vertébrale.

Florence a été élevée à la dure, à la « marche ou crève ». Enfant, sa mère l'appelait « la pauvre petite ». Issue d'une famille de paysans, sa mère avait huit frères et sœurs : la dureté qu'elle évoque vient en partie de cette vie de famille nombreuse, à la campagne, dans la France d'après-guerre. La « pauvre petite » n'a pas eu de chance, voilà tout. Ses parents la considèrent comme un objet, asexué comme tous les objets, d'après les mots de Florence ; ce qui ne veut pas dire qu'ils ne l'ont pas aimée. Elle le dit sans amertume, mais se souvient parfaitement de ce qu'elle a dû affronter, de cette mentalité peu sensible à la différence, peu soucieuse de changer ses habitudes pour une petite personne qui n'a pas à encombrer la vie des autres. D'autant que Florence a une sœur, une benjamine qui a des problèmes cardiaques, plus graves aux yeux des parents que quelques centimètres en moins.

« Le handicap, c'est moche, ça fait peur, ça repousse les autres. »

Enfant, Florence passait beaucoup de temps devant sa glace, non par narcissisme primaire ni par curiosité maladive, mais pour apprivoiser son corps et apprendre à l'aimer. Elle a fait ce lent travail d'acceptation de sa différence avec sa mère et sa sœur ; quand les trois femmes partaient ensemble faire du shopping, celle qui revenait bredouille, sans vêtements neufs, c'était toujours la même et cette frustration décuplait à chaque fois la conscience de sa petite taille.

« Le handicap, c'est moche, ça fait peur, ça repousse les autres. » Les mots de Florence sont crus. Elle a construit sa vie sur ces vérités premières. Très jeune, elle a donc décidé d'aller vers les autres, offrant des bonbons ou proposant des jeux dans la cour de récréation. Toute sa vie elle n'a jamais cessé d'aller vers eux, de se montrer à la hauteur de leur reconnaissance, de faire en sorte que sa pathologie devienne presque accessoire et, surtout, ne la définisse pas. Quand on est handicapé, on attire les faiblesses et les fêlures, mais il faut résister à ce tropisme naturel, tout faire pour ne pas devenir le réceptacle des misères du monde : voilà le socle sur lequel la jeune femme s'est construite. Il faut apprendre à purger ce qui ne va pas, dire, parler, raconter, afin de devenir le sujet de sa propre histoire. Car quand les autres parlent pour vous, c'est presque toujours à vos dépens : ils vous infantilisent, vous victimisent ou vous fantasment, vous collent des images, des masques, des personnages qui ont peu de choses à voir avec la personne que vous êtes. Souvent, ça bruisse autour de vous et quand ça bruisse, ce n'est pas de bon augure. Admirable expression de Florence : « Ça bruisse. » On y entend les rires sous cape, les moqueries sourdes, les insultes chuchotées et tous les synonymes populaires du mot « nain ». Lorsqu'une collaboratrice s'est étonnée un jour de la voir sortir d'une grosse voiture, elle a décodé sans peine le non-dit de la maladroite : « Petite taille, petite voiture. » Non, les personnes de petite taille ne roulent pas dans des petites voitures. Non, les personnes de petite taille n'ont ni petites voitures ni petits cerveaux. Mais les idées courtes ont la vie dure. Et, souvent, elles viennent de loin. Quand, à son propos, elle entend dans la rue : « Oh, trop mignonne la petite dame », elle ne part pas forcément en guerre. Non qu'elle trouve cela intelligent mais parce qu'elle pense qu'il y a des combats plus importants : faire comprendre, par exemple, que le handicap n'est pas une maladie contagieuse, apprendre à chacun à ne pas se réduire à sa pathologie. Il lui arrive même de rire des photos volées en expliquant que cela lui donne un statut de star, comme si les moqueurs étaient des paparazzis.

Non, les personnes de petite taille n'ont ni petites voitures ni petits cerveaux.

À 17 ans, elle découvre l'APPT. La toute première rencontre est ambivalente : l'effet miroir des personnes comme elle la trouble, la dérange même, mais la moustache rousse de Patrick Petitjean l'intrigue, elle trouve le vice-président de l'association charismatique. Pour un réveillon de la Saint-Sylvestre, elle se retrouve avec lui à l'Élysée ; tous deux ont été invités par Valéry Giscard d'Estaing. Elle retiendra de son président – celui de l'association, pas celui de la République – cette leçon : « Dans une réunion, quels que soient les interlocuteurs, on te remarquera, alors il faut toujours que tu poses une question, si possible intelligente, ainsi on se souviendra encore plus de toi. »

Elle se mariera avec un homme de taille classique, un comédien rencontré un soir d'opéra où le régisseur de l'Opéra national de Paris lui avait demandé s'il elle voulait bien remplacer, au débotté, un figurant de petite taille défaillant pour la nocturne. De cet amour naîtront deux enfants de taille classique, sa fille, aujourd'hui ergothérapeute, et son fils, infirmier. Jeune, son fils était fougueux et batailleur, souvent provocateur. À 6 ans, l'année où il dépasse en taille sa mère, il se calme. S'il était batailleur, c'est parce qu'il avait peur de ne pas grandir. Aussi Florence ne manque-t-elle jamais de rappeler aux enfants qui la croisent, curieux de sa différence, de ne pas s'inquiéter : ils ne resteront pas comme elle, ils grandiront.

Elle aurait aimé avoir deux enfants de plus, partager encore plus son amour de la vie, mais un médecin avisé lui conseille de s'en tenir là. Pourquoi flirter avec l'impossible ? « Donnez-moi la sérénité d'accepter les choses que je ne peux changer, le courage de changer celles que je peux changer et la sagesse de bien distinguer les premières des secondes », pensait Marc Aurèle, l'empereur philosophe. À sa manière, Florence a toujours été philosophe, reine aussi du royaume qu'elle a su se construire, loin des clichés et des déterminismes. Aujourd'hui elle prend soin d'elle, comme elle l'a toujours fait, surtout aux âges charnières de la vie : la grossesse, la cinquantaine, la retraite. Et cette vie qu'elle s'est forgée, elle ne laissera jamais personne la réduire à une histoire de quelques centimètres en moins.

« Je ne suis qu'un petit point sur cette terre. »

Ghislaine Thomas, 63 ans, Versailles

À peine assise, elle rit. C'est inhabituel, quelqu'un qui rit au premier regard ou au premier mot. Il paraît que l'enfant rit en moyenne quatre cents fois par jour et l'adulte moins de vingt fois. Voilà qui fait un peu passer l'envie de devenir adulte. Est-ce parce qu'elle pratique le yoga du rire, cette méthode qui vous apprend à rire de tout et de rien sans motif ? Un rire immotivé mais contagieux, dont la seule finalité est de produire plus d'endorphine dans le cerveau, de faire baisser la pression artérielle et d'améliorer la qualité du sommeil... Chez elle, le rire n'est qu'humilité, douceur, disponibilité. Elle aime faire découvrir sa méthode aux futures épouses à l'occasion de quelques joyeux enterrements de vie de jeune fille. Le rire abat l'ego et nous rend l'autre plus proche.

Ghislaine est vraiment une petite femme, une femme petite plutôt, car l'épithète avant le nom introduit une nuance affective qui, dans cette histoire, n'a pas lieu d'être – même si Ghislaine est très attachante. Une femme SSR, trois lettres qui sont l'acronyme du syndrome de Silver-Russell, décrit pour la première fois dix ans à peine avant sa naissance, dans les années 1960. Elle pourrait remettre à sa place quiconque la présente ainsi, car aucun handicapé ne se réduit jamais à son handicap. La juste manière de dire est qu'elle est atteinte du syndrome de Silver-Russell, pathologie rare du nanisme.

Le rire abat l'ego et nous rend l'autre plus proche.

Ses mains jointes ne sont pas parfaitement symétriques et son pied droit chausse deux pointures de plus que son pied gauche. Dans le ventre de sa mère, sa croissance était déjà lente, tête exceptée. À sa naissance, cette lenteur a persisté, si bien qu'elle culmine aujourd'hui exactement à 1,38 mètre. Quelque chose s'est déréglé dans le système d'expression de ses gènes. Quand l'information génétique est normale, chaque gène exprime deux copies, une maternelle, une paternelle, mais un dérèglement épigénétique sur le chromosome 11 ou sur le chromosome 7 peut faire que le gène n'exprime qu'une seule de ces copies. Cette anomalie est tenue pour l'une des causes du syndrome de Silver-Russell. La Pr Irène Netchine, qui a suivi Ghislaine, en est aujourd'hui une grande spécialiste et son équipe a été honorée en 2019 par le prix de la recherche décerné par la Société européenne d'endocrinologie pédiatrique. La science et la certitude que ses progrès sont constants et sans limite sont une source de joie dans la vie de Ghislaine. Elle sait ce qu'elle doit à la science, elle qui a été opérée à cœur ouvert à deux reprises, à l'hôpital Laennec lorsqu'elle avait 18 mois, et à 18 ans à l'hôpital Marie-Lannelongue.

Le monde des grands est pensé et fait pour les grands, quoi de plus évident ?

C'est à 10 ans seulement que Ghislaine apprend que son corps ne dépassera pas 1,40 mètre. On aurait pu lui prescrire des hormones de croissance car sa pathologie le permettait, mais ses parents ont refusé. Aujourd'hui, elle remercie encore ceux qui l'ont élevée. Enfant, elle aime la nature de la vallée de Chevreuse où vit sa famille, ses anciennes tanneries et ses moulins, les bords fleuris de l'Yvette qui se jette dans l'Orge, sa proximité avec les fermes, les bois. À l'école communale, elle trouve les garçons rudes ou moqueurs avec elle ; elle demande alors à ses parents de l'inscrire dans une école de filles, mais s'aperçoit vite que les filles ne sont guère plus tendres. La méchanceté n'a pas de sexe. À la maison, elle s'habitue à grimper sur les tabourets, elle s'arrange avec sa petite taille, elle compose, ruse, s'adapte au monde tel qu'il est et trouve normal de le faire. Le monde des grands est pensé et fait pour les grands, quoi de plus évident ? Rien de révoltant à cela, la seule chose révoltante ce n'est pas qu'on en fasse moins pour les petits, c'est qu'on les considère comme des personnes de moindre dignité.

Après son bac, Ghislaine opte pour une formation en trois ans couronnée par un diplôme de l'école d'ergothérapie de Paris. Et met aussitôt sa pratique en application auprès des malvoyants dans les hôpitaux de Marly-le-Roi puis de Gonesse. Réparer, reconstruire, rééduquer, réadapter ceux que la vie n'a pas tout à fait servis comme les autres : tel sera son engagement professionnel. Plus tard, elle enrichira son savoir d'ergothérapeute par la sophrologie : prendre conscience de soi, de la valeur de son existence, rétablir son équilibre psychique, apprendre à appartenir sereinement au monde, élargir sa propre conscience pour ne pas l'étouffer sous la misérable dictature de l'ego : tel est l'autre engagement, sans doute plus existentiel que professionnel, de la femme qui a toujours cherché à agrandir sa vie en aidant les autres à la vivre pleinement.

Les petits sont fragiles mais pas friables, ils sont vulnérables mais pas faibles.

En 1998, cette quête altruiste la pousse à fonder France Nano Sports avec son ex-mari, comme elle de petite taille. Une véritable révolution culturelle à une époque où l'on considérait majoritairement que le handicap et le sport étaient difficilement compatibles. Voyez au contraire comme le sport libère, restaure, reconstruit la confiance et le désir de vivre ! Voyez surtout comme en Angleterre, en Suède, aux États-Unis, en Inde, l'intelligence du handicap et la culture du sport sont différentes ! Les petits sont fragiles mais pas friables, ils sont vulnérables mais pas faibles, il faut en prendre soin mais pas les élever dans une serre, ils ont besoin du grand large comme tout un chacun, pas d'une vie sous cloche.

Le couple divorcera une vingtaine d'années plus tard, mais l'amour a porté ses fruits, avec deux enfants de petite taille adoptés, Alexis puis Lena que la mère élèvera seule à partir de l'âge de 9 ans. Quand le couple opte pour l'adoption, il envisage d'abord l'adoption d'enfants de taille classique. Un peu par provocation, reconnaît aujourd'hui avec malice Ghislaine, pour voir si les lignes pouvaient bouger, les mentalités, changer. La demande d'adoption est refusée, le dossier administratif était pourtant parfait. On s'étonne, à moitié seulement, on encaisse le coup, on décode le non-dit. Le monde est encore tellement structuré, comme dans les manuels de coloriage et de géométrie pour enfants : les petits ronds avec les petits ronds, les grands bleus avec les grands bleus, les triangles avec les triangles, les losanges avec les losanges. Alexis, bébé achondroplase, sera adopté à 4 mois après une procédure qui durera plus de quatre ans ; sa sœur, achondroplase aussi, le sera huit ans plus tard avec l'accord de l'aîné. Les parents iront chercher le premier à Valenciennes, la seconde à Versailles, l'un travaillant désormais en Irlande, l'autre préparant son bac pro esthétique.

Malgré son cœur défaillant, Ghislaine est une femme en mouvement qui partage aujourd'hui sa vie avec un homme de taille classique. Sa cardiopathie l'a contrainte à abandonner la danse classique quand elle avait 10 ans. Elle est d'autant plus fière de préparer cette année un défilé de mode organisé par l'école Esmod de Lyon : après tout, la mode est, comme la danse, une façon de jouer avec le corps en mouvement. Elle défilera donc aux côtés de Sandrine, atteinte de sclérose en plaques, de Margaux-Méline, paraplégique depuis un accident de cheval, d'Audrey, une jeune femme achondroplase, de Margot, porteuse de trisomie 21, de Deborah, amputée d'une jambe, et de Mayane-Sarah, la star de *Un p'tit truc en plus*, le film aux 10 millions d'entrées. Elle participe à ce défilé pour se faire plaisir, mais aussi par conviction : il faut oser se montrer, assumer son corps, aussi différent soit-il, apprendre à l'aimer, jouer avec lui.

Il faut oser se montrer, assumer son corps, si différent soit-il, apprendre à l'aimer, jouer avec lui.

Elle n'a peur de rien, reste indifférente, au moins en apparence, aux regards moqueurs et aux propos blessants. Elle dit vivre pour elle-même, mais on a compris qu'elle vivait pour les autres. Seul l'irrespect actuel la révolte vraiment; l'irrespect, l'intolérance, la bêtise, elle ne sait pas exactement dans quel ordre, ça change en fonction des jours et des humeurs: ces gens qui dans le métro font comme s'ils étaient seuls au monde, parlant fort, accrochés comme des sangsues à leurs portables, ces autres qui la bousculent comme un enfant, même s'ils s'excusent au moment où ils comprennent qu'elle est un peu trop ridée pour une enfant. Membre actif dans les commissions de la RATP, de la SNCF et d'ADP, elle se bat pour que les entreprises publiques et les grandes métropoles en fassent plus pour l'accessibilité. Elle sait parfaitement que la politique est une question de choix au moins autant que de budget et qu'il n'y a pas de fatalité à ce que Paris et Lyon restent moins faciles à vivre que Londres et Barcelone.

Seul l'irrespect actuel la révolte vraiment; l'irrespect, l'intolérance, la bêtise.

Avant de se quitter, on parle de la photo du soldat blessé au Mali que notre président de la République a choisi de montrer comme symbole de la France, à la fin de son dernier entretien télévisé fleuve de trois heures. «Il est beau», dit le Président du soldat tout sourire dans l'exosquelette *made in France* qui le soutient – car il a perdu ses jambes. Oui, il est beau, mais nul n'est dans sa tête ni dans son corps, comme le précise judicieusement Ghislaine. Qui sait comment il vit sa condition? «Je ne suis qu'un petit point sur cette terre, demain on n'est plus là», remarque-t-elle encore, allégeant sa pensée de son rire clair, le rire clair d'une femme accomplie. Petit point si grand soit-on, petit point si petit soit-on, tous nous partageons l'humaine condition.

« Ma vie est une stratégie. »

**VIOLETTE VIANNAY,
34 ANS, PARIS**

Enfant, elle chante, adulte, elle milite. Enfant, sa mère lui explique qu'elle sera plus petite, aujourd'hui elle mesure 1,32 mètre. Une grande militante de 1,32 mètre. Elle avoue avoir toujours détesté l'injustice, ne chante plus mais siffle toujours ses airs d'opéra favoris. Quand c'est elle que l'on siffle dans la rue, c'est moins joyeux, car le sifflet est persifleur.

Un jour de 2014, pas loin de la Bourse, à Bruxelles, sur le chemin du théâtre de la Monnaie, clic. Elle surprend pour la toute première fois le son sinistre qui trahit la photo volée. Une photo volée, c'est un regard sans regard : impossible de l'affronter pour réparer l'offense et l'obliger à baisser les yeux. Il existe depuis 2018 une infraction d'outrage sexiste pour réprimer le harcèlement de rue mais, à ce jour, prendre un « nain » en photo à son insu n'est toujours pas sanctionné. Et quand la personne n'a pas l'énergie ou pas l'humeur de s'opposer à ses admirateurs pour les contraindre à effacer leurs clichés, les photographes repartent avec leurs trophées qu'ils sont fiers de diffuser ensuite sur les réseaux sociaux.

« Nain », ce générique de toutes les horreurs, ce collectif de toutes les turpitudes. Ce mot fatal qui occulte la personne de petite taille, l'enterre vivante sous le personnage de cirque ou la créature fantastique. Fantastique ou fantasmatique, cela dépend des jours et des gens que l'on a le bonheur ou le malheur de croiser. Violette n'est pas une extrémiste, elle ne milite pas pour supprimer le mot « nain » du dictionnaire de la langue française. Elle aimerait juste que les gens soient suffisamment éduqués, formés, civiques, respectueux, tolérants, humains, appelez ça comme vous voulez, ou tout simplement un peu moins ignorants de la condition

Une photo volée, c'est un regard sans regard : impossible de l'affronter pour réparer l'offense et l'obliger à baisser les yeux.

des personnes de petite taille, pour que ce mot funeste ne soit plus jamais appliqué à celles et ceux que quelques centimètres en moins handicapent. Que les rosiers, les buis, les étoiles, les chiens soient dits « nains » n'offense personne pour la simple raison que les réalités ainsi désignées ne sont pas des personnes. Certaines dérives lexicales sont même officiellement validées, comme cette nouvelle définition du dictionnaire Larousse, par exemple, qui, à l'article « nain », précise « personne de faible mérite, sans envergure ». Donc Violette milite, sans haine et sans ressentiment. Elle déteste le misérabilisme. Il y a des jours où elle se sent fatiguée, d'autres, révoltée. Elle n'est pas tendre avec celles et ceux qui rigolent, plus ou moins ouvertement, en la croisant. Elle sait bien que les moqueurs sont d'abord des ignorants et que n'importe qui peut être méchant involontairement. Elle peut se montrer indulgente, comprendre, mais à condition d'être entendue et comprise aussi. Rien ne l'agace plus que la lâcheté ordinaire, l'ignorance ravageuse, la bêtise, pas vraiment méchante, mais un peu quand même. Et pire encore, cette résignation commune qui se range à la loi du grand nombre en acceptant que la bêtise soit humaine et que les cons ne puissent devenir du jour au lendemain des grands esprits éclairés. Car la bêtise est inhumaine, particulièrement quand elle se fait les crocs sur les plus vulnérables, les personnes handicapées ou les personnes différentes. Mais gare à ne pas tout confondre dans le grand catalogue des différences ! Non, le nanisme n'est pas un mauvais coup du sort contre lequel il s'agirait de toujours se montrer vaillant, endurant et résilient. C'est une anomalie de la croissance des os. Et l'achondroplasie, que porte Violette, est une mutation du gène FGFR3 qui peut apparaître *de novo* chez l'enfant ou être transmise par ses parents si l'un des deux ou les deux sont atteints de nanisme. Et pour alourdir l'affaire, à ce

Violette milite, sans haine et sans ressentiment.

handicap s'ajoute une autre charge, la charge mentale du handicap. On comprendra donc que Violette ait mieux à faire que de relever chaque tentative d'humiliation personnelle : faire comprendre, par exemple, que les gens comme elle ne sont pas juste petits mais handicapés, parfois même lourdement. Elle est sur tous les fronts, juridique, politique, thérapeutique, social, médiatique, civique. Compréhensive mais intransigeante, constante dans le combat, généreuse dans le débat.

La musique l'aide. Elle l'aide depuis sa scolarité au collège de l'Adoration, à Rennes où elle poursuit à la Maîtrise de Bretagne, en horaires aménagés, sa formation musicale initiée à Dinan. Car c'est dans cette petite ville fortifiée du Poudouvre qui domine la Rance qu'elle a vécu une enfance heureuse et protégée, dernière fille d'une fratrie de six avec des parents de taille classique comme tous ses frères et sœurs. À Dinan, le chevalier Du Guesclin résista aux Anglais qui assiégeaient la ville. Trois siècles plus tard, la bourgade bretonne vit affluer de nombreux ordres monastiques féminins, les Ursulines, les Clarisses, les Bénédictines, les Dominicaines. Se battre comme un preux chevalier, chanter comme une clarisse ? Même ferveur, même générosité, même soif de justice et de beauté, on retrouve cela chez la jeune femme qui choisira de venir se marier dans la ville de son enfance. Aura-t-elle des enfants ? Elle aimerait, elle espère même mais doute aussi : il y a une chance sur deux qu'elle transmette sa pathologie à son enfant car son mari est de taille classique. Elle sait que son enfant pourrait lui demander un jour pourquoi elle a pris le risque de lui imposer sa pathologie. Et elle a déjà suffisamment angoissé quand, à 31 ans, un an après avoir rencontré Rémi, elle a failli perdre la mobilité de

Faire comprendre, par exemple, que les gens comme elle ne sont pas juste petits mais handicapés, parfois même lourdement.

ses jambes, sauvée à l'époque par le Pr Guillaume Lot qui l'opère du canal lombaire. « Ce sera un bon test pour ton couple », lui dit alors sa mère. Dure sagesse des mères.

En terminale, la jeune fille hésite entre Sciences-Po et musicologie. Elle pense que la science politique « va vers l'autre », ce sont ses mots. Mais ce sont le chant lyrique et la musicologie qui l'emportent après qu'elle a repéré à la Sorbonne un master d'administration de la musique. « Merci, chers parents qui m'avez offert la chance de découvrir la musique toute jeune. » En guise d'hommage à ceux qui lui ont toujours apporté leur indéfectible soutien, elle suit un programme Erasmus à l'école supérieure de musique et de théâtre de Leipzig, la ville de Bach. Bach, elle le chantait mais ne parlait pas couramment sa langue. Elle décide donc de l'apprendre intensivement en passant par le Goethe-Institut. Parle-t-elle en allemand ou anglais quand elle rencontre, lors d'une masterclass, Thomas Quasthoff, célèbre baryton de petite taille connu pour son interprétation du *Voyage d'hiver* de Schubert et des lieder de Mahler ? Elle ne se souvient plus bien. « Pourquoi avez-vous arrêté le chant ? » lui demandera l'actuel directeur général de la création artistique du ministère de la Culture, qui la recrutera comme cheffe de cabinet. La jeune femme, qui a soutenu un mémoire sur les fusions des théâtres d'opéra après la réunification allemande et qui a poursuivi ses recherches en doctorat tout en donnant des cours à la Sorbonne, se souvient avoir reçu de nombreuses questions de la part de son chef, notamment sur ses précédentes expériences professionnelles. Dans cet élan interrogatif, une question l'a marquée : « En quoi votre handicap peut-il vous être favorable ? » « Je ne sais si

« En quoi votre handicap peut-il vous être favorable ? » « Je ne sais si c'est une situation favorable ; ce qui est sûr, c'est qu'on ne m'oublie pas et que je n'ai donc pas le droit à l'erreur. »

c'est une situation favorable ; ce qui est sûr, c'est qu'on ne m'oublie pas et que je n'ai donc pas le droit à l'erreur », répond Violette. « Il faudra toujours donner le meilleur de toi-même, lui apprenaient ses parents, sans doute même un peu plus. » Elle est consciente que recruter à un poste visible une personne de petite taille est aussi une façon de sensibiliser indirectement l'opinion publique à cette différence.

Violette s'éclate dans son job et croit à l'« effet Prozac » du travail et de l'investissement professionnel. Elle sait exactement ce qu'elle doit à tous ceux qui lui ont fait confiance et l'ont aidée à devenir ce qu'elle est. Elle sait aussi qu'à tout moment, les fantômes peuvent revenir, comme cette apostrophe surgie de son adolescence. « Tu sais pas quoi ? Y a une putain de naine au lycée ! » Aujourd'hui, elle n'accepte toujours pas de devoir réfléchir stratégiquement à son parcours quotidien : éviter les sorties d'école, les terrasses de café ou de bar le samedi soir, quand tout le monde a un peu ou beaucoup bu. Les propos désobligeants, les regards hostiles, les blagues foireuses... non, elle ne s'y habituera jamais. Changer de trottoir, imaginer des itinéraires de fugitif ou des stratagèmes d'évitement pour « avoir la paix », et ne pas se confronter à l'inaccessibilité de certains lieux publics. Ils sont nombreux, comme elle, à le faire. Un comble, n'est-ce pas, au pays des droits de l'homme ? « Ma vie est une stratégie », se dit-elle souvent, sans amertume mais avec lucidité. Une stratégie de déplacement, de prévention, mais aussi une stratégie de parole : faire comprendre, sans s'épuiser, ce que le nanisme signifie dans une société normée par la taille. Anticiper les incompréhensions, désamorcer sans s'excuser, se faire entendre sans se justifier, c'est cela aussi, vivre avec quelques centimètres en moins.

Éviter les sorties d'école, les terrasses de café ou de bar le samedi soir, quand tout le monde a un peu ou beaucoup bu.

Quand on la taxe de « wokiste » parce qu'elle lutte contre des phénomènes de stigmatisation, ça la révolte encore plus que le harcèlement de rue. Non pas parce qu'elle rejetterait la pensée dite « woke », mais parce que ce mot est lui aussi aujourd'hui galvaudé, utilisé comme une insulte pour décrédibiliser des combats légitimes. On peut pardonner l'ignorance de ceux qui se moquent de vous, mais pas la stratégie délibérée de ceux qui, en connaissance de cause, cherchent à vous discréditer depuis des positions de pouvoir.

Aujourd'hui c'est jour de fête. Une grande victoire pour l'APPT qu'elle est si fière de présider. À force de combats menés avec son binôme Othmane, puis avec son équipe, l'association vient d'obtenir la publication du Protocole National de Diagnostic et de Soins pour l'achondroplasie, élaboré par le Centre de référence maladies rares- Maladies osseuses constitutionnelles (CRMR MOC) et diffusé par la Haute Autorité de Santé. « La vérité est mystérieuse, fuyante, toujours à conquérir. La liberté est dangereuse, dure à vivre autant qu'exaltante. Nous devons marcher vers ces deux buts, péniblement mais résolument, certains d'avance de nos défaillances sur un si long chemin. » Ces mots de Camus dans son discours de Stockholm en 1957, Violette pourrait les dédier à tous ceux qui l'aiment, lui font confiance et se battent à ses côtés.

3.
Regards croisés sur le nanisme

« L'apparence physique est le deuxième sujet de discrimination à l'embauche après l'âge. »

Jean-François Amadieu

Sociologue, spécialiste des relations sociales et des discriminations, professeur à l'université Panthéon-Sorbonne, il est aussi directeur de l'Observatoire des discriminations et a notamment écrit *Le Poids des apparences. Beauté, amour et gloire*, mais aussi *DRH. Le livre noir* et *La Société du paraître. Les beaux, les jeunes... et les autres.*

Avec *Le Poids des apparences*, publié en 2002, il fut l'un des premiers universitaires à s'intéresser à l'impact de l'apparence physique dans la vie professionnelle. Le professeur qui dirige des masters en ressources humaines à la Sorbonne est formel : il existe une corrélation objective, mesurée par les études statistiques, entre la taille et l'embauche, comme entre la taille et la progression salariale. Il va plus loin : « Un homme de 1,65 mètre n'a pas la même destinée professionnelle qu'un homme de 1,80 mètre. » On imagine donc ce qu'il en est pour les personnes de moins de 1,40 mètre. La petite taille est triplement pénalisée par la minoration du sujet, par l'invisibilité statistique et par l'élitisme esthétique.

Les statistiques ont un immense mérite : elles permettent de voir immédiatement les choses qui changent et celles qui ne changent pas. Tout se passe comme s'il y avait des sujets majeurs et d'autres mineurs, voire anecdotiques. « Il existe des sujets majeurs comme le racisme ou les femmes, mais l'apparence physique est une variable mineure dans la mesure des discriminations. » La société civile et les pouvoirs publics ont encore souvent tendance à penser que la discrimination relative à la taille est moins grave que celle relative à l'origine ethnique ou au sexe. Cette hiérarchie des discriminations, comme si certaines étaient moins indignes ou plus acceptables que d'autres, est fatale à la juste représentation de la diversité dans la vie sociale et professionnelle. En minorant le sujet de la taille, elle porte indirectement atteinte à la dignité des personnes de petite taille.

« Un homme de 1,65 mètre n'a pas la même destinée professionnelle qu'un homme de 1,80 mètre. »

Deuxième pénalité : l'invisibilité statistique. Pour faire oublier un sujet, il suffit de ne pas l'aborder, et pour ne pas l'aborder il suffit de ne pas le mesurer. Ce qui a été le cas longtemps avec le sujet de la petite taille. « Il y a une invisibilité statistique de la petite taille. On oublie les personnes de petite taille dans les outils de mesure de la diversité de la population. » Il a fallu attendre 2016 pour que l'apparence physique soit une variable intégrée dans le baromètre sur la perception des discriminations, réalisé chaque année par le Défenseur des droits, alors que « l'apparence physique est le deuxième sujet de discrimination à l'embauche après l'âge ». Au chapitre de l'invisibilité statistique, il y a, de surcroît, une pénalité supplémentaire pour la petite taille, car « le surpoids et l'obésité ont vampirisé la question de l'apparence physique ». Ce qui s'explique quantitativement, puisqu'on estime que 17 % des Français sont obèses, mais pas seulement. Les personnes obèses seraient-elles aussi plus visibles parce que leur handicap est perçu comme plus invalidant que celui de la petite taille ? Pure hypothèse intellectuelle qu'aucune étude n'a jamais validée.

« Il y a une invisibilité statistique de la petite taille. On oublie les personnes de petite taille dans les outils de mesure de la diversité de la population. »

Troisième pénalité : l'élitisme esthétique. « Les Français sont particulièrement durs dans leurs jugements sur l'apparence physique, notamment avec l'âge et le poids. » Survivance d'une esthétique aristocratique ? Ou, au contraire, élitisme méritocratique ? Symptôme d'une société du paraître ? Narcissisme décuplé par les réseaux sociaux ? Intolérance structurelle de l'esprit français ? Preuve que la compétition ultralibérale des talents a gangrené les critères esthétiques ? Sur l'origine du phénomène, le sociologue ne tranche pas. Mais il en mesure les conséquences ravageuses, et le sous-titre de *La Société du paraître* est explicite : *Les beaux, les jeunes... et les autres*. Les points de suspension marquent cruellement la relégation sociale de ceux qui ne sont ni jeunes ni beaux.

Remarque incidente : au royaume de l'image, dont la mode et la publicité sont les fers de lance, les personnes en situation de handicap apparaissent, mais toujours par intermittence. Et on comprend pourquoi : elles servent souvent à entretenir une réputation de marque, produire des alibis inclusifs, donner le change au marché en se montrant irréprochable dans l'intégration et la représentation de la diversité. À faire du *cripple washing*, en quelque sorte.

« Toute discrimination mérite d'être mesurée », rappelle avec force le sociologue. Les statistiques ne font pas changer les mentalités, mais elles aident la société à réagir et les pouvoirs publics à agir, dans la mesure où ils en font le choix. Et c'est précisément cette décision politique d'agir qui fait changer les mentalités. Encore faut-il que la décision politique, une fois actée, le soit définitivement. À ce titre, Jean-François Amadieu rappelle que la loi sur l'anonymat des candidatures à l'embauche, largement votée à l'Assemblée nationale en 2006, fut abrogée sous la présidence de François Hollande sans avoir jamais été appliquée.

« L'autolimitation des personnes en situation de handicap est particulièrement sensible chez les personnes de petite taille. »

Last but not least, le sociologue s'attaque à la problématique de « l'autolimitation des personnes en situation de handicap, particulièrement sensible chez les personnes de petite taille ». L'autolimitation est cette charge supplémentaire que s'infligent certains individus : ils finissent par valider les limites que la société leur pose, ajoutant ainsi à leur incapacité physique une barrière symbolique qui les fait renoncer à ce qu'ils pourraient pourtant réaliser – voire les conduit à ne même pas en envisager la possibilité ! Cela peut commencer sur les bancs de l'école primaire : « L'enseignant, de façon inconsciente, associe souvent le beau et le bien. » Un élève perçu comme disgracieux ne sera donc pas forcément traité ni évalué de la même façon qu'un enfant perçu comme mignon – on cataloguera plus facilement le premier dans la catégorie des « turbulents », tandis que le second sera plus naturellement considéré comme un enfant « sage comme une image ».

Dans certains cas, on pourrait presque parler de « dissuasion intellectuelle précoce », tant les conseillers en orientation privilégient et recommandent les formations courtes. « Un BTS suffira » : voilà le non-dit récurrent et presque endémique ancré dans la tête d'une fraction de l'institution scolaire. On niera ce biais au nom de l'égalité républicaine, mais il existe, et ses effets sont potentiellement plus négatifs que l'accessibilité imparfaite ou aléatoire de certains établissements scolaires. Un escalier se remplace ou se compense par un ascenseur, un esprit précocement empêché devient plus difficilement autre chose qu'un esprit empêché.

« Mon Mimo, je voulais qu'il n'ait pas de limites. Pas de haut ni de bas. Pas de grand ou de petit. »

Jean-Baptiste Andrea

Son roman *Veiller sur elle* est salué par trois prix en 2023 : prix Goncourt, prix du roman Fnac, Grand prix des lectrices de *Elle*. Précédemment, Jean-Baptiste Andrea avait déjà signé *Ma reine*, *Cent millions d'années et un jour* et *Des diables et des saints* chez son éditeur L'Iconoclaste.

Mimo le dit de lui-même dans le roman : il n'est pas nain, il est sculpteur. Tout est dit, ou presque. « Il est de petite taille, mais je n'en ai rien à faire. Ce n'est pas cela qui le définit », confirme l'écrivain. Mimo Vitaliani est un homme qui veut disposer de sa vie comme il l'entend. Un homme, pas « cette horrible petite créature » qui effraie tant la marquise Orsini la première fois qu'elle le croise, un homme qui veut être le sujet de sa propre histoire.

Dans l'Italie fasciste, son chemin croise celui de Viola Orsini. Tout les oppose : l'origine sociale, l'argent, la culture, la taille. Mais une même quête folle les rapproche : être à la hauteur de leur rêve, ne jamais se trahir soi-même, ne pas se laisser tomber, au sens propre comme au sens figuré, ne pas mourir avant d'avoir trouvé la vérité que chacun porte en soi et doit révéler au monde.

Mimo est un héros hugolien, une force qui va et qui défie le monde. « Il va devoir se battre encore plus qu'un autre, voilà tout, là est le matériau héroïque », analyse son créateur, qui, pour le concevoir, ne s'est aucunement nourri de l'imaginaire de J.R.R. Tolkien ou de George R. R. Martin, l'auteur de *Game of Thrones*. On comprendra donc que de nombreux lecteurs aient même oublié que Mimo était atteint d'achondroplasie. Comme quoi les lecteurs peuvent être plus sensibles que certains producteurs. L'auteur raconte cette anecdote délicieuse : « Au cinéma, ça va être dur de s'attacher à votre héros. Vous n'auriez pas une autre idée de handicap, un handicap plus acceptable ? » lui demande un jour une équipe de production travaillant à l'adaptation de son livre. On devine ce qui s'ensuivit. Pour Jean-Baptiste Andrea, le rôle de Mimo

« Au cinéma, ça va être dur de s'attacher à votre héros. Vous n'auriez pas une autre idée de handicap, un handicap plus acceptable ? »

au cinéma sera « l'occasion de révéler un acteur de petite taille ». Pas question donc de changer la taille de son héros ni de penser pour l'incarner à la star mondiale du nanisme, Peter Dinklage. Entre la bêtise et la convention, nul n'est obligé de choisir. « S'affranchir des normes, défier les normes, l'art sert à cela. » Quand certains de ses lecteurs lui demandent pourquoi il a imaginé un héros de petite taille, il aime répondre : « Mais pourquoi pas ? » Une lectrice fan s'est même inquiétée : « Rassurez-moi, Mimo n'est pas nain, n'est-ce pas ? Car vous savez, j'ai vraiment peur des nains. » L'écrivain avoue redouter les normes, et encore plus les formes nouvelles qu'elles prennent, masquées et plus normatives encore, au nom de leur déconstruction moderne : « Je ne suis pas un terroriste du wokisme. »

« S'affranchir des normes, défier les normes, l'art sert à cela. »

Pour devenir quelqu'un, il faut décider de ne pas plaire à tout le monde, explique Viola à Mimo le jour de son anniversaire. Plus tard, elle lui confiera son secret le plus touchant : « Mon Mimo, je voulais qu'il n'y ait pas de limites. Pas de haut ni de bas. Pas de grand ou de petit. Toute frontière est une invention. Qui comprend ça dérange forcément ceux qui les inventent, ces frontières, et encore plus ceux qui y croient, c'est-à-dire à peu près tout le monde. » Poussant sans trêve Mimo à faire quelque chose de beau, d'aussi beau que Fra Angelico ou Michel-Ange, dont il porte le nom et donc le destin dans son diminutif, Viola, fée aux yeux du petit sculpteur pauvre mais sorcière aux yeux du monde, l'aide à devenir ce qu'il est : un grand sculpteur, convoité et célèbre. Leur quête est celle de « deux êtres, deux jumeaux cosmiques, à qui on met les mêmes limites, pour des raisons différentes, et dont la force est de chercher à s'en affranchir. Parfois il souffre même moins d'être de petite taille que Viola d'être une femme ». Et l'auteur précise : « Comment un individu impose sa vision du monde face à une société incrédule, voilà ce qui m'intéresse. » « Une parole de vérité pèse plus que le monde entier », rappelait Soljenitsyne dans son discours de réception du prix Nobel de littérature en 1970. Cette parole de vérité, elle peut surgir de tout le monde et de n'importe qui – des grands, des petits, des forts, des vulnérables, des stars, des invisibles –, pourvu qu'on croie à l'humaine condition et à la dignité que tous les hommes ont en partage. La littérature éclaire la réalité d'une lumière inédite, souvent plus intense parce que plus nuancée ou plus crue. En témoignent ces trois passages sur le handicap du héros glanés dans *Veiller sur elle*. Le premier interroge subtilement le regard commun sur le nanisme et l'inquiétude qu'il provoque : « À la pierre, justement, on attribuait ma différence. Ma mère n'avait pas su se reposer, portant des blocs énormes à l'atelier, à faire rougir les gros bras du quartier. Le pauvre Mimo, à en croire les voisines, en avait pâti. Achondroplasie, dirait-on plus tard. On me qualifierait de personne de petite taille, ce qui, franchement, ne valait pas mieux que le “nabot” de Zio Alberto. On m'expliquerait que ma taille ne me définissait pas. Si c'était vrai, pourquoi parler de ma taille ? Je n'ai jamais entendu évoquer “une personne de taille moyenne”. » Le deuxième dit la grande volupté du bain de mer pour les corps différents : « Je plongeai sans me soucier de ce corps inhabituel que je traînais depuis ma naissance. Cette eau devait l'être, miraculeuse, car une fois immergé je ressemblais à tout le monde. » Le troisième souligne l'implacable lucidité des personnes pas comme les autres : « Nous avons presque 14 ans. La même taille exactement. Ça ne durera pas, elle le sait, je le sais, nous le savons car j'aime dire nous. Dans une

« Nous avons presque 14 ans. La même taille exactement. Ça ne durera pas, elle le sait, je le sais, nous le savons car j'aime dire nous. Dans une seconde, Viola continuera de grandir et filera vers le ciel. Je resterai là, au ras du sol. »

seconde, Viola continuera de grandir et filera vers le ciel. Je resterai là, au ras du sol.» Voilà la force de la fiction : rendre sensible la singularité des êtres, des situations, des conditions, chercher l'image sous le cliché, faire exactement l'inverse de ce soldat allemand qui aborde Mimo, un soir de 1940 à Montmartre, pour lui demander s'il est bien Toulouse-Lautrec. «Oui, bien sûr», lui répond le sculpteur en lui signant un autographe.

Avant de libérer Jean-Baptiste Andrea, qui prépare sa prochaine balade dans les Dolomites, nous évoquons le héros le plus puissant de *Star Wars*. «Yoda n'est pas très beau, pas vraiment grand, mais il est immense.» Qui se souvient qu'il mesure 66 centimètres ? Qui même y pense ? « Nous sommes des nains perchés sur les épaules de géants » : cette pensée attribuée au philosophe platonicien du XIIe siècle Bernard de Chartres est passée chez Montaigne, Shakespeare, Pascal, et tant d'autres encore. L'homme pour qui «la normalité de la vie est dans nos différences» la reprend à son tour : elle dit si bien que l'humanité est une œuvre collective, la culture, une échelle immémoriale que chaque génération élève de quelques pouces, dans l'espoir de voir un peu plus loin que le bout de son petit barreau, et que nos corps ont beau être tous dissemblables, nous sommes faits de la même étoffe.

«Yoda n'est pas très beau, pas vraiment grand, mais il est immense.» Qui se souvient qu'il mesure 66 centimètres ? Qui même y pense ?

« C'est comme
les cinq doigts de la main,
ils ont tous besoin
les uns des autres,
et moi je suis le pouce. »

Geneviève Baujat

Pédiatre et généticienne clinicienne depuis plus de vingt ans à l'hôpital Necker-Enfants malades et à l'Institut Imagine, elle mène ses missions médicales dans le Centre de référence maladies rares-Maladies osseuses constitutionnelles (CRMR MOC) et participe à différents projets de recherche nationaux et internationaux sur les pathologies affectant l'os et le cartilage.

Comme tout généticien, elle participe à l'activité de diagnostic prénatal et reçoit les couples attendant un bébé chez qui est suspectée une dysplasie osseuse. Le diagnostic d'achondroplasie est le plus souvent évoqué tardivement, en fin de deuxième ou au troisième trimestre de grossesse. Le parcours diagnostique est mené en équipe avec les conseillers en génétique, les radiologues, les obstétriciens et les généticiens moléculaires, et comporte plusieurs étapes. Ces consultations supposent prudence, rigueur et implication. Elle sait à quel point « des mots mal choisis pour annoncer une suspicion d'achondroplasie ou de nanisme peuvent résonner pendant des années dans la tête des parents ». La précision des éléments pour évoquer le diagnostic et la délicatesse humaine sont donc de rigueur. « Ramener le fœtus atteint d'une pathologie du squelette à un petit bébé qui va naître », tel est son rôle. Cela implique de vérifier que « l'information donnée aux parents est juste, réaliste, mesurée », par les explications sur la variabilité, sur les différentes formes cliniques et sur le parcours postnatal dans ses grandes lignes. La discussion du choix possible quant à l'issue de la grossesse est présentée prudemment, avec les différents aspects associés aux scénarios possibles. Il est important que les parents puissent avoir le temps de réfléchir au choix qui est devant eux, guidés par des éléments de réflexion objectifs et adaptés à chacun. « Nous pensons aux malades quand nous analysons des cellules dans nos tubes », aimait dire Claude Griscelli pour définir l'originalité de l'Institut Imagine, qu'il a fondé et dirigé à l'hôpital Necker en 2007.

« Des mots mal choisis pour annoncer une suspicion d'achondroplasie ou de nanisme peuvent résonner pendant des années dans la tête des parents. »

La généticienne ouvre l'entretien par un hommage au Dr Pierre Maroteaux, grand clinicien, directeur de recherche au Centre national de la recherche scientifique (CNRS) à Necker, mort en 2019, qui a fait progresser la recherche sur les maladies osseuses constitutionnelles (MOC) dans le monde entier. Il a fondé l'équipe scientifique et médicale qui réunit notamment le Dr Martine Le Merrer, le Dr Laurence Legeai-Mallet et le Pr Valérie Cormier-Daire et qui, depuis trente ans, est très impliquée dans l'identification des causes et mécanismes génétiques des MOC, la description de leurs histoires naturelles et la recherche de traitements innovants spécifiques. C'est à Necker d'ailleurs que le gène responsable de l'achondroplasie a été identifié, en 1994, par un groupe de chercheurs français, sous la direction des généticiens Arnold Munnich et Martine Le Merrer.

« Les personnes de petite taille sont nos patients-partenaires et sont souvent très expertes de leur pathologie. »

« Les personnes de petite taille sont nos patients-partenaires et sont souvent très experts de leur pathologie », affirme Geneviève Baujat, qui les suit au sein du CRMR MOC depuis sa labellisation en 2005. Suivre, le mot est faible, à moins qu'on ne précise l'immense champ qu'il recouvre : accompagner une personne de petite taille, c'est plus que surveiller scrupuleusement les courbes de croissance. Il s'agit d'une médecine de précision et personnalisée, de la période prénatale au passage à l'âge adulte, avec un parcours multidisciplinaire (chirurgiens orthopédistes, neurochirurgicaux et maxillofaciaux, pneumo-pédiatres, ORL, kinésithérapeutes, psychologues...) afin d'optimiser l'état de santé, mettre en place les nouveaux traitements spécifiques et prévenir ou prendre en charge au mieux les possibles complications. Il s'agit aussi de réviser régulièrement les réponses apportées à la lumière de l'origine de la pathologie, des avancées de la recherche et du conseil génétique, afin de mettre en place les adaptations nécessaires pour le quotidien, l'école et les projets familiaux. Il s'agit également d'organiser la transition avec les équipes spécialistes adultes qui prennent le relais autour de 18 ans. C'est aussi essayer d'alléger la double charge physique et mentale que représente le handicap, veiller à l'équilibre psychique, aider le patient à se construire, écouter sa famille, comprendre les difficultés de son environnement, créer un halo de bienveillance et d'humanité qui ne s'arrête pas à la fin de la consultation médicale mais qui se prolonge dans la vie quotidienne. C'est enfin apprendre aux enfants et à leurs parents à intégrer au mieux la pathologie dans le quotidien. «Je ferai en sorte que son handicap devienne accessoire dans sa vie», lui confie un jour la mère d'un enfant atteint d'achondroplasie. Une phrase que la généticienne transmet à de nombreux parents, car elle résume de façon sensible le sens de son travail global.

«La charge mentale du handicap est souvent plus lourde que la charge physique.»

«Souvent, les enfants ne souffrent pas, ce sont les parents qui souffrent du regard des autres et les enfants ressentent la souffrance de leur parent», insiste Geneviève Baujat. Elle valorise ainsi le travail pluridisciplinaire entre généticiens, psychologues, neurochirurgiens et orthopédistes, au service de cette «intelligence collective», qui permet à l'âge pédiatrique de prendre la mesure de toutes les dimensions des pathologies des enfants de petite taille. «La charge mentale du handicap est souvent plus lourde que la charge physique.» Aucun enfant ne vit sa pathologie de la même façon, et il en va de même pour leur fratrie et leurs parents. Le handicap change la vie de celui qu'il atteint, mais déséquilibre aussi la vie de ceux qui l'aiment, à commencer par les parents mais également les frères et sœurs, auxquels on pense moins souvent. «Dans une famille où existe une situation de handicap, chacun doit trouver sa place. » Il faut donc particulièrement veiller à ce que le handicap de l'enfant ne vienne pas découdre le lien familial ou conjugal.

L'équipe de Necker parle systématiquement de l'APPT aux parents qui n'ont pas consulté spontanément l'association, tout en leur laissant l'entière liberté de s'en rapprocher ou non – « Tout dépend de leur maturité et du choix de l'enfant. » S'opposant avec la même conviction à l'infantilisation de l'enfant handicapé et au positivisme systématique qui consisterait à lui faire croire que tout ira toujours bien, la généticienne rappelle que « le parcours de suivi des personnes de petite taille, même compliqué ou douloureux, n'empêche pas les études et les parcours professionnels brillants et surtout épanouissants » et qu'il arrive aussi que « certains parents me confient qu'ils ont moins de problèmes avec leur enfant atteint d'achondroplasie qu'avec leurs autres enfants ».

« Le parcours de suivi des personnes de petite taille, même compliqué ou douloureux, n'empêche pas les études et les parcours professionnels brillants et surtout épanouissants. »

La généticienne est sensible au sens du mot « handicap » en dehors du champ médical. Il peut parfois perdre une partie de sa charge symbolique négative, voire l'inverser. Une course hippique à handicap est une course où l'on donne un handicap aux chevaux jugés les meilleurs afin de donner une égalité de chances de gagner à tous les concurrents. Et au golf, le handicap est une simple mesure numérique du talent d'un joueur et de sa capacité à réussir le parcours en un minimum de coups. La généticienne est trop fine pour positiver le handicap à travers ces exemples, mais c'est une façon de rappeler qu'il faut toujours essayer, quelles que soient sa situation ou sa condition, de remettre les choses en perspective, de ne pas noircir le tableau, de ne pas se complaire dans le malheur. « Comment un enfant peut-il se construire si ses parents s'enferment dans la plainte et le chagrin ? »

Dans la moquerie dont sont victimes les personnes de petite taille, le Dr Baujat distingue celle qui vient de l'ignorance et celle qui vient de la méchanceté, mais ce n'est certainement pas pour être plus indulgente avec la première. « Personne ne voit vraiment le fardeau médical que subit la personne de petite taille. » L'ignorance se soigne par la pédagogie, la méchanceté par l'éducation : on voit dès lors le travail collectif qui reste à faire, dans la société, dans les écoles, dans les familles. « C'est à l'environnement de s'adapter au handicap et non l'inverse », et l'adaptation est de tous ordres – logistique, social, administratif, culturel –, car « il n'y a hélas que dans notre culture française qu'on colle inévitablement l'image du "nain" de cirque sur les épaules des personnes de petite taille ».

« Personne ne voit vraiment le fardeau médical que subit la personne de petite taille. »

Un enfant de 9 ans atteint d'achondroplasie lui a un jour expliqué sa manière de voir les choses : « C'est comme les cinq doigts de la main, ils ont tous besoin les uns des autres, et moi je suis le pouce. » Opposable aux autres doigts, le pouce donne à la main sa faculté de préhension. Qui dit mieux ?

« Face aux pratiques humiliantes, il n'y a pas de "oui mais". »

JÉRÉMIE BOROY

Nommé en 2019 par Sophie Cluzel, secrétaire d'État chargée des Personnes handicapées, et reconduit en 2023 pour un deuxième mandat, Jérémie Boroy préside aujourd'hui le Conseil national consultatif des personnes handicapées, créé en 1975. Il fait aussi partie des membres du cabinet de la maire de Paris.

Avant lui, tous les présidents de l'institution furent des personnalités politiques sans handicap connu. De 1992 à 2019 s'y succéderont François Hollande, Roselyne Bachelot, Francis Hammel, Jean-Marie Schléret, Martine Carrillon-Couvreur et Dominique Gillot. Quand il est nommé président du Conseil national consultatif des personnes handicapées (CNCPH) en 2020, c'est une vraie rupture dans le cours ordinaire de l'ordre politique : pour la première fois, une personne en situation de handicap représente les personnes handicapées. Pour résumer le changement d'esprit à l'origine de sa nomination, Jérémie Boroy a une formule frappante : « On est passé du "ils" au "nous". »

Le site officiel du gouvernement précise que l'instance consultative qu'il préside organise la participation des personnes handicapées ou de leurs représentants à la mise en œuvre des politiques publiques ayant un impact sur l'effectivité des droits et la qualité de vie des personnes handicapées. Le CNCPH, qui peut être saisi sur toute question relative à la politique publique du handicap, est composé de trois collèges et est codirigé par trois vice-présidents : Fernando Pinto da Silva, de la Fédération des aveugles et des amblyopes de France, Julia Tabath, de l'AFM-Téléthon, et Violette Viannay.

L'homme courtois et volubile que nous rencontrons dans son bureau sous les toits, au dernier étage de la mairie de Paris, est sourd de naissance. Appareillé à l'âge de 18 mois, diplômé de Sciences-Po Paris, il commence comme assistant parlementaire avant de passer par les cabinets ministériels. Il sait à quel point on a longtemps décidé à la place des personnes sourdes, considérant qu'elles étaient inaptes à de nombreuses activités. À titre personnel, il a prouvé le contraire, mais il a toujours tenu à défendre la cause de toutes les personnes handicapées, sans « jamais établir de comparaison ou de hiérarchie entre elles en fonction de l'importance de leur représentation dans la population française ou de la gravité du handicap».

Son parcours incarne à merveille la définition que Winston Churchill donnait du courage: « C'est ce qu'il faut pour se lever et parler, c'est aussi ce qu'il faut pour savoir s'asseoir et écouter.» En février 2025, à l'occasion des 20 ans de la loi Chirac sur le handicap, il a plaidé pour un plan de rattrapage en trois ans sur l'accessibilité. Ce que nous avons fait pour rebâtir Notre-Dame de Paris, nous pouvons le faire pour que l'accessibilité soit vraiment effective partout en France. «Ne pas respecter l'obligation d'accessibilité est un délit et, comme tout délit, doit être sanctionné», a-t-il fortement rappelé devant les sénateurs. L'homme qui se bat pour que «l'accessibilité ne soit plus une option» a déjà gagné bien des batailles: il s'est battu pour que les personnes sourdes et les personnes malvoyantes aient accès aux programmes des chaînes publiques et des chaînes privées qui cumulent plus de 2,5 % d'audience. Puis pour que les opérateurs téléphoniques leur donnent les moyens de communiquer comme les autres. Son nouveau cheval de bataille ? Internet, car là où tous les acteurs de l'information et de la communication ont progressé, «Internet n'a pas avancé, c'est même une catastrophe».

« Ne pas respecter l'obligation d'accessibilité est un délit et, comme tout délit, doit être sanctionné »

Avec le discours du Vélodrome d'Hiver en 1995, où il reconnaissait la responsabilité de l'État français dans la déportation des Juifs lors de la Seconde Guerre mondiale, et le refus de s'engager dans la guerre d'Irak, la loi de 2005 sur le handicap est à ses yeux une des trois contributions les plus marquantes des années Chirac. Elle a «imprimé les esprits et fait changer les perceptions». Mais il reste encore tant de choses à faire, car «l'erreur fatale serait de confondre ce qui est conforme à la loi et ce qui est acté». Quand on évoque les pratiques humiliantes de toutes sortes dont sont encore sujettes les personnes de petite taille, le président du CNCPH se tait, sa grande pudeur cachant une révolte plus importante encore. Le seul mot qu'il trouve à la hauteur pour les qualifier : « innommables ». Et c'est pour enchaîner aussitôt : « Il faut apprendre à ne plus nuancer, dans ces cas-là il n'y a pas de "oui mais". » Si l'homme tout en nuances et en discernement semble ici s'emporter, ce n'est pas par fièvre idéologique mais parce qu'il sait exactement, dans sa chair comme dans son âme, la souffrance que cela peut représenter.

Quand on évoque les pratiques humiliantes de toutes sortes dont sont encore sujettes les personnes de petite taille, le président du CNCPH se tait, sa grande pudeur cachant une révolte plus importante encore.

Parfaitement conscient que toute discrimination a des conséquences qui peuvent être extrêmement graves, il ne dirait pas que celle qui s'exerce contre les personnes de petite taille est plus virulente que les autres, même si ces dernières sont souvent victimes des « formes les plus sournoises et perverses de la discrimination ». La dignité humaine vaut pour tous, c'est un impératif catégorique, pas une option ni un effet rhétorique.

Jérémie Boroy reprend à son compte une expression de l'écrivaine Tania de Montaigne, qui, dans *Noire*, raconte la vie de Claudette Colvin, première jeune Afro-Américaine de Montgomery, Alabama, qui à l'âge de 15 ans refusa en 1955 de céder sa place dans un bus à une Blanche, avant même que son nom ne soit éclipsé par celui de Rosa Parks, la star de la lutte pour les droits civiques. L'écrivaine parle de *« fatigue inclusive »* pour désigner cette inflation des discours sur la société ouverte et inclusive, qui cache parfois une forme d'inertie sociale et un certain immobilisme politique. Une chose est sûre : on peut compter sur l'ensemble des membres du CNCPH pour résister à la fatigue inclusive.

En politique comme dans l'opinion publique, il y a des moments où les causes avancent, d'autres où l'on a l'impression qu'il ne se passe rien, ou si peu par rapport aux grandes espérances. *« Il y a des moments de mobilisation et des moments de relative indifférence. Ce qui fait un grand moment, c'est quand la maturité d'une époque rencontre le tempérament et la détermination de quelques leaders »*, analyse le président du CNCPH très convaincant quand il explique que « le combat pour les personnes de petite taille met en lumière toutes les luttes autour du handicap ». Avec elles, les problèmes d'accessibilité deviennent flagrants. Par les humiliations quotidiennes, verbales ou photographiques, dont ils sont l'objet, ils exacerbent l'offense faite à la dignité humaine. Et la méconnaissance encore trop largement partagée de leurs pathologies nous rappelle à quel point le travail d'éducation et de formation au handicap est un combat à mener au quotidien dans les collèges, les lycées, les cabinets médicaux et les entreprises.

« Le combat pour les personnes de petite taille met en lumière toutes les luttes autour du handicap. »

« La malveillance des méchants se renforce de la faiblesse des vertueux », écrit Winston Churchill dans ses *Mémoires de guerre.* Le président du CNCPH et tous les membres de son institution sont aussi intransigeants avec la malveillance des méchants qu'avec la faiblesse des vertueux.

« Si je peux remettre en question les standards de beauté, pourquoi ne pas aussi réinterpréter notre conception de l'humanité ? »

Mauro Corda

Sculpteur français d'origine sarde, Mauro Corda a été formé à l'école des Beaux-Arts de Reims, puis à celle de Paris. Ses œuvres ont notamment été exposées à l'hôtel de la Monnaie à Paris, au musée des Beaux-Arts de Reims, au Réfectoire des Cordeliers à Paris, au musée Sívori à Buenos Aires, au Centre Heydar-Aliyev à Bakou, au Pavillon Vendôme à Clichy et, prochainement, le musée Corda ouvrira ses portes à Laon.

Le sculpteur a longuement observé les regards insistants et intrusifs posés sur Ariana, sa fille autiste. Il en a éprouvé la charge et la brutalité muette, il a pressenti la violence et l'oppression qu'elles signifiaient pour elle. C'est ainsi que son travail sur les personnes de petite taille a commencé il y a une quinzaine d'années. Ces sensations sourdes, il a voulu les purger, leur donner une forme, les incarner dans ses sculptures. Car il se souvient parfaitement comment, avec sa fille, ils avaient, dans les lieux publics, toujours tendance à s'isoler, à s'abstraire, à s'effacer. Toujours la table la plus discrète dans les restaurants, le coin le plus reculé dans les cafés, toujours la place, qui, de place, justement, en prend le moins possible, la place qui en est à peine une tellement on l'occupe en cherchant à se faire oublier, à se fondre en elle, comme si on s'excusait d'être là. Une place fantôme, en quelque sorte. Toujours aussi cette tentation de fuir ou de provoquer. Provoquer en défiant le voyeur masqué pour lui proposer de prendre en photo le sujet qui l'intéresse tant. Ou fuir pour échapper enfin à la traque des regards, à l'attention malsaine, à

la curiosité morbide, à cette petite chasse à l'homme très commune où le regard est le chasseur et l'autre la proie, et dont la banalité renforce la menace. Que faire ? se terrer chez soi ? se retirer du monde ? devenir invisible ? Le terrier n'est pas une solution, pas plus que le monastère. Faudrait-il donc vivre comme une bête craintive qui attend le crépuscule pour venir boire au point d'eau quand les grands fauves sont partis ? longer les murs comme un suspect ? ou, au contraire, crier en demandant au voyeur d'aller voir ailleurs ?

Si je peux remettre en question les standards de beauté, pourquoi ne pas aussi réinterpréter notre conception de l'humanité ?

« Il est temps de porter un autre regard sur la différence », et l'art est sans doute le moyen le plus radical pour apprendre à voir autrement. « Le dessin ouvre les yeux et les yeux mènent à l'âme. Ce qui surgit n'a rien à voir avec ce que l'on a prévu », disait Louise Bourgeois. « Pourquoi ne pas s'inspirer des œuvres de l'histoire de l'art et changer notre interprétation de la beauté ? Et si on imaginait un autre *David*, une autre *Vénus*, un autre *Penseur* ? » Rappelons que le *David* original de Michel-Ange mesure 5,17 mètres sans son piédestal et que *Le Penseur* de Rodin, dans sa version du jardin du musée Rodin, mesure 1,89 mètre.

« Si je peux remettre en question les standards de la beauté, pourquoi ne pas aussi réinterpréter notre conception de l'humanité ? » Partant du principe que la petite taille est souvent associée à la catégorie du mignon, à l'enfance avec ce qu'on lui prête d'innocent et d'inoffensif, il a choisi de « revisiter les figures les plus sombres de l'histoire – Hitler, Mao, Staline, Mussolini – pour montrer l'absurdité des préjugés fondés sur la taille ». Qui oserait trouver ces dictateurs mignons uniquement parce qu'ils sont représentés comme des êtres de petite taille ? « J'invite chacun à interroger ses propres pensées sur le sujet. » Poursuivant sa réflexion sur les critères de ce que nous

jugeons beau ou humain, l'artiste veut aussi montrer que les lieux publics sont les foyers les plus propices à la ségrégation et à la moquerie de la différence. Ce qu'on se permet dans un lieu public, on ne se le permettrait pas dans un lieu de culte. « Un prêtre de petite taille sur la place Saint-Pierre à Rome n'attirerait pas les regards insistants, pas plus qu'un rabbin devant le Mur des lamentations, un imam à La Mecque ou un hindou dans un sanctuaire bouddhiste. » D'où sa sculpture représentant cinq dignitaires des grandes religions en personnes de petite taille. L'ignorance est souvent à l'origine du regard tordu, et le manque de spiritualité exacerbe la différence de l'autre comme différence suspecte ou inassimilable. Après les dignitaires des grandes religions, l'artiste s'attaque aux super-héros, ceux qu'il appelle « les gardiens de la dignité, non pour les adultes, mais pour les enfants ». Un super-héros en personne de petite taille, quelle preuve plus flagrante que « la valeur d'un être ne se mesure pas à sa taille » ?

Tout regard insistant sur la différence devient vite un regard pesant, intrusif, « un projectile, blessant là où ça fait mal ». Et le super-héros, dont le rôle est de défier les limites de l'humanité, existe aussi pour repousser ce regard qui enferme l'autre dans une image fausse, une image qui le limite à un cliché. « Par mon écriture de statuaire, j'ai voulu créer un langage universel, non par les mots, mais par les images qui, j'en suis certain, auront un impact sur les enfants et les générations futures. Au moins, j'aurai essayé. » Laissons donc l'art agir.

Page 196, *Penseur*, bronze, 77 x 50 x 39 cm

Page 198, *Batman*, résine polychrome, 122 x 66 x 37 cm

Page 199, *Discobole*, bronze, 98 x 48 x 76 cm

« On aura gagné quand la taille du comédien choisi ne sera plus un sujet. »

Delphine Ernotte Cunci

Diplômée de l'École centrale Paris, Delphine Ernotte Cunci est nommée présidente de France Télévisions par les membres du Conseil supérieur de l'audiovisuel (CSA) en 2015. Première femme à occuper ce poste, elle a été reconduite deux fois à la tête de l'entreprise publique par l'Arcom, successeur du CSA. Son troisième mandat a commencé en août 2025.

Delphine Ernotte Cunci doit représenter tout le monde à l'écran. Sans doute le métier le plus difficile du monde. D'autant que l'entreprise qu'elle préside rassemble 80 % des Français chaque semaine et que 8 milliards de vidéos ont été vues en 2024 sur les réseaux sociaux et les plateformes du groupe. C'est donc peu de dire qu'elle vit sous haute surveillance, de l'Arcom et de son public. Elle est tenue chaque jour d'honorer sa mission de service public, de représenter l'intérêt général et de veiller à respecter son engagement en faveur de la diversité et de l'inclusion.

« Permettre à chacun de se construire librement et à tous d'imaginer un horizon commun » est la raison d'être de France Télévisions. Ce qui serait proprement impossible ou contradictoire si la présidente n'était pas particulièrement attentive à la représentation du handicap et aux problèmes de discrimination qui lui sont souvent attachés. « Un gros sujet », confie-t-elle modestement. « On aura gagné quand la taille ou la couleur de peau du comédien choisi ne seront plus un sujet. » Ce jour n'est pas encore venu. Il faut donc le préparer. La présidente de la télévision publique croit aux méthodes, aux outils, aux statistiques : « Il faut trouver des solutions concrètes pour que plus personne n'ait d'excuses. » « Il y a des sujets plus graves », « Le monde ne va pas s'effondrer pour cela », « On y pensera la prochaine fois », « On a déjà fait tellement de progrès »... Aucun de ces alibis encore trop souvent invoqués n'est tenable.

« Il faut trouver des solutions concrètes pour que plus personne n'ait d'excuses. »

« Ce n'est pas en améliorant la bougie qu'on a inventé l'électricité » : Delphine Ernotte Cunci souscrirait volontiers à ce bon mot attribué au physicien Niels Bohr. La finalité est claire : faire advenir ce jour où l'on ne tiendra enfin plus compte de la petite taille pour recruter un comédien dans une fiction ou un expert sur un plateau pour commenter la politique, l'économie et les mutations du monde.

Mais le chemin pour y parvenir est ardu. Car en France, les statistiques en matière de diversité ou de handicap ne sont pas autorisées, et, « quand on n'a pas de statistiques, on ne peut pas compter et donc pas non plus imposer des quotas ». Ce qui a été possible en matière de parité, précise la présidente, ne l'est donc pas en matière de handicap et de diversité. Sous ses mandats successifs, la part des femmes réalisatrices travaillant pour le groupe public est passée de 18 % à 45 %, preuve parfaite que ce qui est mesurable est transformable. Mais à l'image de l'annuaire des femmes expertes imaginé par le service public pour qu'aucun sujet d'actualité ne manque jamais d'intelligence féminine pour le décrypter, il serait judicieux de « concevoir un annuaire des personnes de petite taille pour les comédiens comme pour les experts qui viendraient sur le plateau ». Il faudrait pouvoir identifier des personnes de petite taille susceptibles d'analyser sur les chaînes publiques l'avenir du trumpisme, la rupture civilisationnelle de l'intelligence artificielle, l'occultation politique du changement climatique. Qu'importe le sujet ou la taille du spécialiste pourvu que la compétence et l'expertise soient au rendez-vous. Pourquoi faudrait-il limiter l'évocation de la condition des personnes de petite taille au seul genre du documentaire ? « Il revient au service public de veiller à ce que la représentation du handicap et de la diversité ne se limite pas aux stéréotypes. » Si la formule peut sembler légèrement abstraite, trop politiquement correcte ou assez peu engageante, Violette Viannay, co-animant l'entretien dans le bureau

Il serait judicieux de « concevoir un annuaire des personnes de petite taille pour les comédiens comme pour les experts qui viendraient sur le plateau. »

de la présidente au siège de l'entreprise située esplanade Henri-de-France, insiste et met les points sur les *i* : « Oui, pour qu'enfin un grand Noir ne joue pas forcément le rôle d'un livreur Uber et qu'une personne de petite taille ne soit pas systématiquement castée pour interpréter le bouffon du roi dans un film historique ou un nain dans la énième version de *Blanche-Neige*. » Pour normaliser les représentations, « il faudra que des personnes de petite taille endossent et incarnent des rôles normaux, non réductibles à des clichés », enchérit Delphine Ernotte Cunci. Quant aux téléspectateurs, ils devront tous, comme chacun de nous, apprendre à penser contre eux-mêmes, car « il faut être conscient que toutes nos perceptions sont biaisées, et particulièrement celles de la diversité ou du handicap ».

« Ça commence à infuser. » « Infuser » est le bon mot, désignant bien le profond et progressif travail de formation à la politique en faveur de la diversité et du handicap mené par le groupe public.

Avec patience et détermination, France Télévisions mène avec 832 producteurs un travail de pédagogie et d'engagement partagé : « Ils finissent par savoir qu'un projet qui respecte la diversité recevra a priori un accueil plus favorable. Le producteur sait qu'il maximise ainsi ses chances de voir son projet aboutir, à condition bien sûr que cela ne se fasse pas au détriment du scénario et de la force des personnages. » Et pour mieux souligner que le travail est en cours, la présidente, confiante dans l'aboutissement du processus, ajoute : « Ça commence à infuser. » « Infuser » est le bon mot, désignant bien le profond et progressif travail de formation à la politique en faveur de la diversité et du handicap mené par le groupe public. Quant au lexique parfois malheureux encore employé sur les plateaux et à l'usage du mot « nain » dans sa connotation la plus péjorative, il faut continuer à former les journalistes et les rappeler à l'ordre si nécessaire. Bannir l'expression « combat de nains », par exemple, quand elle est employée dans un contexte politique ou géopolitique ou tout autre contexte que celui des attractions humiliantes auxquelles certaines personnes de petite taille se prêtent dans les discothèques, car il n'est pas question de banaliser cette pratique dégradante.

Tout est dans l'équilibre, la pertinence et l'esprit de discernement. Il faut donc veiller aussi à ne pas se montrer dogmatique ou idéologue et ne jamais oublier que « les journalistes vivent sous pression, parfois même en apnée lorsqu'ils doivent assurer la maîtrise de l'antenne en direct ». L'intelligence est requise, l'exigence n'est pas négociable, mais l'erreur est humaine. Et, surtout, les progrès sont visibles. À ce propos, la présidente en profite pour remercier Violette Viannay et son équipe pour leur pression constante afin de rapprocher un peu les stars de *Fort-Boyard* de l'humaine condition, car « là on était vraiment *in the middle of nowhere* », se souvient Delphine Ernotte Cunci, employant l'anglais comme pour signifier qu'elle assumait mal l'ancienne version du divertissement. Depuis juin 2024, Passe-Partout et Passe-Muraille ont gagné le droit à la parole : une évolution de leur rôle qui ne retire rien à leur charisme mais qui est un grand pas pour la dignité des personnes de petite taille.

Tout est dans l'équilibre, la pertinence et l'esprit de discernement.

Nul doute qu'à la fin du troisième mandat de Delphine Ernotte Cunci d'autres pas, plus grands encore, auront été faits dans la marche pionnière du service public.

« Il s'agit d'assumer la normalité de l'anormalité. »

STÉPHANE FOUKS

Conseiller en communication de nombreuses personnalités politiques, il est vice-président d'Havas. Il a notamment écrit *Pandémie médiatique* et *Les Nouvelles Élites. Portrait d'une génération qui s'ignore.*

Pendant une semaine, du 3 au 10 décembre 2022, l'aéroport Charles-de-Gaulle, le plus grand aéroport européen, changea de nom pour devenir l'aéroport Anne-de-Gaulle, rendant ainsi hommage à la fondation éponyme pour les personnes handicapées mentales fondée en 1945 par le Général et sa femme, en hommage à leur fille Anne, porteuse de trisomie 21. Une idée de l'agence Havas Paris et un remarquable coup médiatique pour promouvoir une société plus inclusive. Pour comprendre toute la puissance de la communication, il suffit de lire le credo de la Fondation Anne-de-Gaulle : « Dans une France où près d'une personne sur six vit avec un handicap, visible ou invisible, et où l'environnement est essentiellement conçu pour cinq personnes sur six, notre Fondation ambitionne de faire changer ce paradigme et de coconstruire un nouveau projet sociétal. » Tous les mots sont parfaitement justes, mais ils n'ont pas l'impact international que leur a donné le coup de communication symbolique du nouveau nom de baptême de l'aéroport Charles-de-Gaulle.

« Pour faire évoluer les représentations, il faut procéder par touches, par paliers et gradations successives. »

À quand le prochain grand coup médiatique qui braquerait les projecteurs sur les personnes de petite taille ? Les coups de communication, aussi brillamment utiles soient-ils, font partie du spectacle publicitaire mais ne sauraient suffire à eux seuls à changer les représentations. Ce travail stratégique est de plus longue haleine et de couture plus subtile. « Pour faire évoluer les représentations, il faut procéder par touches, par paliers et gradations successives », analyse Stéphane Fouks. Car la publicité, contrairement à ce qu'ont pu en dire ses prophètes et ses gourous, n'est pas l'agent transformateur des mentalités. Agent provocateur plus que transformateur,

« elle accompagne les évolutions sociales mais ne les devance pas ». La publicité fluidifie les choses, met du jeu dans l'ordre social par la mise en scène humoristique et décomplexée des rapports de genre, de classe ou de race, mais elle ne cherche pas à les bouleverser. « N'oublions pas que le marketing est la loi du plus grand nombre pour le plus grand nombre. » La modernité ne consiste pas à jeter par-dessus bord, du jour au lendemain, les représentations communes qui ont forgé pendant des générations l'imaginaire collectif, mais à coudre ensemble les fils qui composent le tissu social de l'époque. « Dans la nécessaire représentation de la diversité de notre société, il y a deux pièges à éviter : vouloir aller trop loin et décider à la place des gens. »

« La vraie surprise serait de montrer la personne de petite taille normalement, d'imposer un nouveau paysage en faisant entrer le handicap dans le décor. »

Quand la marque Evian, par exemple, pour mettre en spectacle sa signature, « déclarée source de jeunesse par votre corps », a imaginé un ballet aquatique de seniors sur fond musical des Beach Boys, la publicité a moins convaincu les esprits et les ventes que le même film avec des bébés nageurs. « Qui ne préfère pas se voir en bébé qu'en vieux ? »

Bien communiquer, c'est donc savoir subtilement habituer les regards à un nouveau paysage en changeant progressivement les éléments du décor. « La vraie surprise serait de montrer la personne de petite taille normalement, d'imposer un nouveau paysage en faisant entrer le handicap dans le décor. » L'objectif est de créer ce que Stéphane Fouks appelle la « nouvelle normalité » : « Il faut surprendre en assumant une normalité inattendue qui ne correspond pas à ce que les gens ont en tête. Il s'agit d'assumer la normalité de l'anormalité. » La figure du nain, encore majoritairement projetée comme l'ombre ou le masque de la personne de petite taille, se dissipera le jour où l'on verra sur la scène publique plus de personnes de petite taille avocates, médecins ou comédiennes pour des rôles qui tiennent à leur rôle et pas exclusivement à leur caractéristique physique. « Plus on sera exposé aux images de la différence, plus on les acceptera. »

La juste représentation du handicap est une question autant de reconditionnement du regard que d'accoutumance rétinienne. Les blockbusters et les phénomènes culturels mondiaux ont aussi une contribution décisive dans la structuration d'un nouvel imaginaire collectif inclusif, où la différence deviendrait normale. « Le succès du *Seigneur des anneaux* doit beaucoup à l'héroïsation de Gimli en homme fort et intelligent. » Les blockbusters capables de créer des personnages nouveaux, aux antipodes des stéréotypes, sont d'autant plus efficaces qu'ils fonctionnent comme un contre-pouvoir face aux « réseaux sociaux, qui ne reflètent pas toujours le meilleur de ce qu'il y a dans l'homme » et dont les études disent que 40 % des Français s'opposent, au nom de la liberté d'expression, à la régulation de leurs contenus.

« Plus on sera exposé aux images de la différence, plus on les acceptera. »

Contre les stéréotypes archaïques colportés par les médias les plus modernes, il faut inventer de nouveaux types. « La normalité. Peut-être pire encore que la folie. Au moins la folie, elle, se voit », fait dire Franck Thilliez à l'un des personnages de son thriller *Il était deux fois*. Une normalité qui n'occulterait pas la différence sous la tyrannie de ses normes, une normalité capable de s'interroger sur la légitimité des critères qui président à ses normes, voilà à quoi pourrait ressembler la nouvelle normalité dont notre société a besoin.

« Nous devons jouer
un rôle de miroir
et de moteur
dans la société
pour être encore plus
inclusifs. »

Bruno Laforestrie

Bruno Laforestrie préside le Comité Égalité 360° de Radio France. Il est aussi directeur du développement de Radio France et membre du comité de direction de la grande entreprise de médias du service public.

Dans un article de 1944 sur un livre de Brice Parain, Albert Camus notait: « Nos paroles nous engagent et [...] nous devons leur être fidèles. Mal nommer un objet, c'est ajouter au malheur de ce monde. » On connaît le destin de cette remarque qui est devenue l'une des citations les plus récurrentes de Camus sous la forme « Mal nommer les choses, c'est ajouter au malheur du monde ». Malgré la légère modification lexicale, le sens est le même. Cette remarque initiale est à l'image de « la rigueur et [de] l'exigence de Radio France dans la terminologie utilisée sur ses antennes pour parler du handicap ». Bruno Laforestrie l'a faite sienne.

L'entreprise publique est tenue à la plus grande vigilance dans la lutte contre les stéréotypes et les discriminations, et dans la représentation des personnes en situation de handicap. À la radio, les mots ont d'autant plus de poids qu'ils n'ont pas le secours des images pour accréditer leur propos. « Nous devons jouer un rôle de miroir et de moteur dans la société pour être encore plus inclusifs. »

« Nous devons jouer un rôle de miroir et de moteur dans la société pour être encore plus inclusifs. »

Radio France a mis en œuvre tous les moyens pour faire vivre cet engagement auprès de ses salariés et de ses publics grâce à une approche volontariste portée par le programme Égalité 360°. La singularité de son approche repose sur une gouvernance participative incarnée, d'une part, par la Délégation à l'égalité, à la diversité et au handicap et, d'autre part, par la direction des antennes et de la stratégie éditoriale, avec l'action de terrain d'un réseau de plus d'une centaine de salariés volontaires. Côté méthodologie, sous l'impulsion du délégué éditorial en charge de l'égalité et de la diversité, Radio France veille au lexique employé sur toutes ses antennes, incite à corriger tout usage inapproprié de mots ou d'expressions, à contextualiser systématiquement les faits, à donner la parole à toutes et tous, à veiller à la juste représentation de la diversité, à promouvoir l'inclusion et à considérer les commentaires et les retours critiques des auditeurs avant de leur répondre par la voix de la médiatrice des antennes. Cette éthique de l'information n'est pas une simple déclaration de principe, elle est la condition d'un volontarisme qui s'exerce à tous les niveaux, partout et tout le temps.

« Bien nommer les choses, trouver les angles pertinents pour traiter tous les sujets, même les plus sensibles, et incarner ces thématiques par les personnes les plus qualifiées. »

Au service de cet engagement, Radio France s'est dotée de nouveaux outils comme le *Guide des expertes*, qui favorise la représentation des femmes sur ses antennes. Cette action a porté ses fruits, avec une progression spectaculaire : la part de voix des femmes expertes sur ses stations est passée de 38 % en 2020 à 50 % en 2025. L'entreprise entend poursuivre ses efforts pour mieux donner la parole à toutes les voix encore trop invisibilisées ou représentatives de la diversité. Ainsi, le Comité Égalité 360° n'hésite pas à collaborer avec des acteurs associatifs dédiés à l'inclusion, tels que Diversidays ou Mozaïk RH. Pour autant, « il n'est pas question d'essentialiser le sujet du handicap », c'est-à-dire de définir la personne experte par son handicap mais de valoriser son expertise. L'ensemble des équipes éditoriales, journalistes, animateurs, producteurs de l'entreprise veillent à toujours « bien nommer les choses, trouver les angles pertinents pour traiter tous les sujets, même les plus sensibles, et incarner ces thématiques par les personnes les plus qualifiées ». Un principe d'action qui se confirme dans les voix d'antennes de Radio France. Par exemple, Hakim Kasmi, grand reporter à France Culture, est spécialiste des questions d'éducation malgré sa déficience visuelle.

Ce volontarisme de Radio France se traduit aussi dans les choix éditoriaux de l'entreprise : Radio France s'engage à maintenir et renforcer son rôle de vigie en cas d'abus et à valoriser les parcours inspirants, tel celui de Charles Noakes lors de sa finale aux Jeux olympiques et paralympiques de Paris sur France Inter. Toute l'exigence de Radio France, signataire de la charte de l'Arcom du 3 décembre 2019 relative à la représentation des personnes handicapées et du handicap dans les médias audiovisuels, est là. La façon dont ses sept antennes et 44 stations locales documentent, commentent et mettent en perspective le sujet du handicap, visible ou invisible, sous toutes ses formes et dans tous ses enjeux, cristallise l'excellence de sa démarche. « Il faut que le sujet du handicap rentre dans la norme », martèle Bruno Laforestrie. Environ un Français sur sept est en situation de handicap, et si on compte les proches et les soignants qui se sentent responsables de leur bien-être, cela donne encore plus de force à son point de vue.

« Il faut que le sujet du handicap rentre dans la norme. »

Terminologie appropriée, contextualisation rigoureuse des faits et des propos, originalité des angles des enquêtes, des documentaires ou des fictions, représentation équitable des voix de la différence et de la diversité : tel est le socle de l'éthique de l'entreprise publique, et la condition de son volontarisme. « La puissance de la radio est la puissance des récits. » Ces récits seront d'autant plus forts qu'ils seront originaux, divers et justes. Justes au double sens de la pertinence du sujet et du respect de la dignité humaine en chaque personne. Le fait que la puissance d'un média aide à mieux comprendre, et donc à moins occulter ou exclure, la vie des personnes de petite taille est suffisamment rare pour être salué. C'est ainsi que Radio France entend devenir le miroir de la société.

*« Je suis entré
dans leur monde par
la chirurgie de la colonne
et par un distributeur
de billets. »*

GUILLAUME LOT

**Professeur des universités
et praticien hospitalier,
le neurochirurgien
qui a exercé longtemps
à l'hôpital Lariboisière est
aujourd'hui dans le service
neurochirurgie adultes
de l'Hôpital Fondation
Adolphe de Rothschild.**

Quand on doit faire un bond pour composer son code, mieux vaut faire le bon code tout de suite, ce qui n'a rien d'évident puisqu'on est obligé de sauter pour composer chaque chiffre, et si on se trompe, la carte est avalée ! L'homme qui fait cette confidence a été professeur et neurochirurgien à l'hôpital Lariboisière pendant vingt ans et exerce depuis 2008 à l'Hôpital-Fondation Adolphe de Rothschild. Il a opéré de nombreuses personnes de petite taille qui lui ont confié, entre autres, leur canal cervical ou lombaire. Il connaît donc particulièrement bien les sténoses canalaires vertébrales des personnes présentant un nanisme, atteintes essentiellement d'achondroplasie et plus rarement d'ostéogenèse imparfaite, dite aussi « maladie des os de verre », ou encore de mucopolysaccharidoses. « L'acte médico-chirurgical n'est pas qu'un acte scientifique, car l'homme malade qui se confie à la conscience plus encore qu'à la science de son médecin n'est pas seulement un problème physiologique à résoudre, il est surtout une détresse à secourir », écrivait Georges Canguilhem dans *La Connaissance de la vie*. Une pensée que ne démentirait pas Guillaume Lot.

Le neurochirurgien a bien souvent ressenti les angoisses de ses patients et notamment cette anxiété récurrente de la paraplégie : « Certains formulent leur anxiété, d'autres ont plus de mal à le faire mais, à l'insistance de leurs questions, il est facile de la comprendre. » Son expérience et sa connaissance des personnes de petite taille le conduisent à la patience et à la bienveillance. « Les écailles de mes yeux sont tombées petit à petit », reconnaît-il aujourd'hui en fin de carrière. Opérer avec succès pour réparer, soulager, retarder les effets du handicap suffit à faire un bon chirurgien mais pas forcément un bon médecin. Le premier résout brillamment les problèmes de techniques chirurgicales, le second comprend intimement l'environnement dans lequel vit son patient et toutes les interactions qui impactent sa façon de vivre.

Avec l'expérience, l'attention portée à la vie quotidienne de ses patients l'a conduit à distinguer plusieurs formes de handicap auxquelles sont confrontées les personnes de petite taille. Le premier, invisible mais omniprésent, il le nomme le « handicap de préjugé ». Parmi les nombreux stéréotypes qu'il a pu observer, il cite souvent celui-ci : « À l'hôpital, médecins comme soignants m'ont souvent posé la même question : "Mais… est-ce qu'ils peuvent vraiment se marier ? Est-ce qu'ils peuvent avoir une relation avec une personne de taille normale ? Et des enfants ?" » Il commente : « Comme si une différence morphologique, ou une différence de taille, suffisait à rendre impossible toute vie de couple ou tout projet parental. » La réalité, pourtant, dit tout autre chose. « Dans ma patientèle, j'ai vu toutes les situations : des unions avec une personne de taille classique, parfois aussi avec une autre personne de petite taille. Et j'ai surtout observé des parcours familiaux qui ne diffèrent en rien de ceux de la population générale. Certains ont eu des enfants, d'autres non. » L'essentiel n'est pas là, mais dans le préjugé qui persiste autour de ces vies ordinaires. « C'est ce doute persistant, cette suspicion a priori qui créent une véritable entrave sociale, indépendante de toute pathologie. »

Dans sa réflexion sur le handicap, le Pr Guillaume Lot en distingue trois autres formes dont souffrent les personnes de petite taille : « le handicap absolu, le handicap relatif, le handicap de réputation ». Précisons : le handicap absolu est celui qui limite la vie du sujet et ses interactions avec son environnement du fait de sa pathologie. Le handicap relatif est fonction du milieu dans lequel vit une personne handicapée. Si tous les meubles sont adaptés à la taille d'une personne de petite taille, le handicap paraîtra moins grand, mais une personne qui n'est pas de petite taille se sentira handicapée. L'homme se souvient d'avoir ressenti très vivement le handicap relatif lors d'un séminaire de personnes de petite taille. Invité à déjeuner dans une immense salle où tout était adapté pour le confort de ses hôtes, il a connu ce malaise, cet inconfort à être le seul de taille classique, unique représentant de son genre, contraint de s'adapter à des normes qui n'étaient pas les siennes. Ce jour-là, il a vécu dans l'autre sens ce que représente un distributeur de billets pour une personne de petite taille. Expérience simple et forte qui nous rappelle que comprendre la différence, c'est comprendre ce qui se passe dans la tête de l'autre, mais surtout dans son corps, car c'est par notre corps que le monde nous est donné. Une expérience qu'il faudrait faire vivre en masse à tous ceux qui ont du mal à se mettre à la place des autres, ou à faire simplement attention à la présence de l'autre. Et ils sont nombreux dans « notre monde où la culture TPMG est la nouvelle norme » – TPMG pour « Tout Pour Ma Gueule ». Le handicap de réputation, quant à lui, est ce biais cognitif qui fausse la perception de la personne de petite taille en la doublant de la figure du nain construite dans les contes et les légendes.

À ce propos, le neurochirurgien relève que les expressions « personne de petite taille » ou « personne atteinte de nanisme » constituent « une belle alternative au mot "nain", trop chargé de connotations négatives ». Mais, ajoute-t-il, « elles n'expriment pas pleinement la dimension de handicap ». Ne serait-il pas plus juste de parler de « personne handicapée par sa taille » ? Chacun comprendrait alors aussitôt le lien entre la différence corporelle et les difficultés qu'elle entraîne au quotidien. Oui, cela pourrait être à la fois plus juste pour les personnes concernées et plus fort pour sensibiliser les autres à leur condition. Bien voir les choses, c'est aussi savoir les nommer avec précision. Cela serait également une façon le briser le mur d'indifférence ou d'ignorance qui sépare 90 % des Français des personnes de petite taille. Nous ne parlerons pas ici du mur de protection par le mépris ou la moquerie que d'autres rivalisent à construire sur les réseaux sociaux, dans un entre-soi validiste qui a parfois des relents eugénistes. « Il faut vraiment de fortes personnalités pour briser la carapace de la petite taille. » À l'appui de ce constat, Guillaume Lot cite Toulouse-Lautrec, l'âme provocatrice de Montmartre dans les années 1890, Mimo, le héros atteint d'achondroplasie du prix Goncourt 2023 *Veiller sur elle*, Tyrion Lannister de *Game of Thrones*, Patrick Petitjean, qui a longtemps été à la tête de l'APPT, et Violette Viannay, qui en assure actuellement la présidence.

Fort, il faut l'être d'autant plus que le passage à l'âge adulte est brutal : à l'éloignement des parents s'ajoute la disparition progressive de la médecine de proximité. « La prise en charge thérapeutique est parfaite jusqu'à l'âge adulte, après c'est le grand saut dans le néant, un néant encore plus béant depuis la disparition du médecin traitant, véritable catastrophe médicale. » Qui pour suivre à l'âge adulte les pathologies associées à la petite taille : les problèmes de surpoids ? les souffrances psychologiques ? la santé psychique ? Qui pour écouter les personnes de petite taille, une fois résolus les problèmes de compression médullaire, de sténoses lombaires ou cervicales et autres complications ?

« La prise en charge thérapeutique est parfaite jusqu'à l'âge adulte, après c'est le grand saut dans le néant. »

Le neurochirurgien s'apprête à passer la main, la relève est assurée. Il reste tant à faire : « L'accompagnement médical et psychologique des personnes de petite taille à l'âge adulte est encore balbutiant, ce qui implique une coopération de tous les acteurs de santé, bien au-delà de la neurochirurgie. » Le Pr Guillaume Lot a découvert progressivement que les obstacles ne se limitent pas au champ médical : « Ils se doublent des écueils liés à la reconnaissance administrative de leurs droits, qui fragilisent tout autant leur parcours social que leur prise en charge médicale, et accentuent ainsi les inégalités et les vulnérabilités. »

« On peut se condamner soi-même à l'invisibilité. »

Michela Marzano

Philosophe, ancienne élève de l'École normale supérieure de Pise, professeure à l'université Paris-Cité et directrice du Département de sciences (UFR SHA), elle a été par ailleurs députée au Parlement italien et est éditorialiste à *La Repubblica*. Elle a écrit notamment *Penser le corps*, *Je consens, donc je suis…* et *Légère comme un papillon*, et a codirigé le *Dictionnaire du corps*, paru aux Presses universitaires de France.

Il n'y a pas de fatalité à ce que l'on voie toujours le nain en lieu et place de la personne de petite taille. Les personnages de fiction forgés par les contes et les récits du folklore, dont la trace dans l'imaginaire collectif a été décuplée ensuite par le cinéma, ont à ce point structuré nos représentations du sujet que ces dernières ont fini par « nous empêcher de voir la réalité en face : les personnes de petite taille sont des êtres humains comme les autres, avec la même valeur, la même dignité, le même besoin de respect et de reconnaissance ». Comme si avant d'être une personne réelle, la personne de petite taille était une créature imaginaire. Piètre consolation : il en va de même avec la représentation des femmes, précise la philosophe, victime du même mécanisme de réduction au stéréotype qui en fait « des êtres fragiles, dépendants d'un prince sauveur ou exposées à tous les dangers dès qu'elles osent s'aventurer seules dans les bois ».

On ne se débarrassera pas du poids des stéréotypes en disant simplement qu'il faut les déconstruire, car « il existe un pacte social implicite qui repose sur la circulation des stéréotypes. Tant que les stéréotypes circulent, ils protègent ceux qui ne veulent pas remettre en cause leurs privilèges. C'est ce que résume, de manière cynique mais très lucide, le personnage interprété par George Clooney dans *In the Air*, lorsqu'il déclare : "Je suis comme ma mère. Je me fie aux stéréotypes. On gagne du temps" ». Déconstruire les stéréotypes reviendrait-il donc à défaire le pacte social ? Cela serait surtout avoir le courage de penser notre monde tel qu'il est, dans sa complexité infinie et son irréductible diversité, car « un stéréotype est un raccourci. Comme le disait le philosophe Günther Anders, il s'agit d'un jugement prêt à porter, déjà

Les personnes de petite taille sont des êtres humains comme les autres, avec la même valeur, la même dignité, le même besoin de respect et de reconnaissance. »

élaboré par d'autres, qui dispense de recommencer à penser depuis zéro. Le stéréotype rassure, simplifie, balise, donne des repères. Mais le plus souvent, il déforme la réalité au lieu de l'éclairer. Il gomme les différences individuelles, enferme les personnes dans des catégories figées – les "Noirs", les "immigrés", les "handicapés" – et empêche de voir la singularité de celles et ceux qui nous font face ».

Aujourd'hui, même si « la nanophobie n'a rien d'irréductible, car aucune phobie sociale ne l'est », le poids des stéréotypes est d'autant plus lourd que leur charge toxique est décuplée par au moins trois phénomènes inédits : le positivisme libéral des réseaux sociaux, les nouvelles normes sociales dominantes et le complexe du conformisme des jeunes générations. Au nom de la liberté d'expression, les réseaux sociaux donnent « l'illusion de pouvoir tout dire, tout faire, souvent à l'abri de l'anonymat ». Ainsi peuvent circuler, dans un flux sans fin et sans régulation sérieuse, les images les plus violentes ou les propos les plus humiliants. La loi du groupe prime, avec ce qu'elle contient de grégaire et d'archaïque, le *like* l'emporte sur le discernement, la surenchère devient la martingale pour se distinguer, sans même se poser la question de savoir si elle est juste ou injuste, bonne ou méchante. Peu importe la dignité pourvu qu'on ait la notoriété.

« En dépit de la rhétorique de l'inclusion, notre société contemporaine reste profondément marquée par la brutalité et l'humiliation. »

« En dépit de la rhétorique de l'inclusion, notre société contemporaine reste profondément marquée par la brutalité et l'humiliation », analyse la philosophe, dont le métier est de résister aux effets pervers de la rhétorique. Car la rhétorique de l'inclusion peut fonctionner comme un alibi éthique, un cache-misère qui jette un voile pudique sur les nouvelles normes sociales dominantes comme « l'idéalisation de certains corps, de certaines formes de vie, de certaines façons d'exister». Tout écart par rapport à la norme est alors vécu comme une défaillance, une déviance, une menace. L'écart fait peur et réveille une peur archaïque. Il en va ainsi du corps gros par rapport au corps mince, de la petite taille par rapport à la taille classique. Les premiers ne correspondent pas au canon physique esthétique en vigueur, et à ce titre les seconds se sentent autorisés à les négliger, les mépriser, les rabaisser. «Les personnes de petite taille deviennent des catalyseurs de nos angoisses les plus profondes.» Ils cristallisent la peur de ne pas être à la hauteur, d'être déchu, de repousser par sa difformité et de ne pas mériter la reconnaissance et l'amour.

Depuis la parution du *Dictionnaire du corps*, en 2007, Michela a le sentiment d'une forme d'inertie sociale, parfois même d'une régression. Les jeunes générations souffriraient du complexe du conformisme: «Il faut se conformer à une image idéalisée, normalisée, calibrée, il faut correspondre aux attentes implicites des parents, des enseignants, des pairs, des réseaux sociaux.» Est-ce grave, docteur? Oui, car à force d'intérioriser les normes sociales, les stéréotypes culturels et la perception des autres, les personnes de petite taille peuvent se croire «moins capables, moins crédibles, moins sérieuses, moins compétentes. On finit par y croire, on n'ose plus prendre la parole, on n'ose plus se montrer. On se condamne soi-même à l'invisibilité». Et le pire, dans cette autolimitation, c'est que tout se joue sans que rien soit explicite: «Le message implicite – "Tu es trop petite pour être crédible" – n'a même pas besoin d'être formulé à haute voix, il passe par les regards, les attitudes, les silences. Il agit comme un poison lent, qui coupe l'élan, qui fait douter.»

« Les personnes de petite taille deviennent des catalyseurs de nos angoisses les plus profondes. »

Comment échapper à cette condamnation sans jugement, à cette emprise fatale? Travailler sur soi. S'affranchir du regard des autres puisque « ce n'est pas sa condition qui lui enlève de la crédibilité, mais le regard social porté sur la personne de petite taille. Sortir de cette emprise, c'est commencer à déconstruire les préjugés – d'abord en soi, puis autour de soi ». Éduquer, déconstruire les idées reçues, former à la vulnérabilité et aux pathologies du handicap. « Tout dépend de l'éducation, de la sensibilité collective et de la capacité d'une société à faire une place réelle aux différences. » Autant d'éléments vitaux pour reconstruire la confiance en soi, cette confiance qui « nous permet de parier de nouveau sur nous-mêmes, sur les autres, sur l'avenir en cassant le cercle vicieux de l'angoisse », écrit la philosophe dans *Éloge de la confiance*. Sortir de la caverne de Platon est un exercice de tous les jours, et il ne faut jamais sous-estimer le nombre de prisonniers qui préfèrent le théâtre des ombres et des illusions à la quête de la lumière.

« Tout dépend de l'éducation, de la sensibilité collective et de la capacité d'une société à faire une place réelle aux différences. »

« Nos préjugés seraient-ils liés à la structure de notre cerveau et à notre fonctionnement neuronal ? »

MARTIAL MERMILLOD

Docteur en psychologie et en sciences cognitives, chercheur au Laboratoire de Psychologie et NeuroCognition à l'université Grenoble-Alpes, il est aussi l'auteur des ouvrages *Réseaux de neurones biologiques et artificiels* et *De l'intelligence humaine à l'intelligence artificielle.*

L'amygdale, située dans les régions limbiques du lobe temporal du cerveau, est le centre de la mémoire émotionnelle. « Elle est le nœud central dans le circuit neuronal de la peur », dit d'elle Joseph LeDoux, professeur en psychologie et neurosciences à la New York University (NYU) et directeur du Center for the Neuroscience of Fear and Anxiety. Décodeur des stimuli potentiellement menaçants ou dangereux pour la survie du sujet, elle génère les réactions de crainte, de peur, d'anxiété, d'aversion ou de répulsion. Aussi l'ablation de l'amygdale fait-elle disparaître la peur, cette émotion que Paul Ekman qualifie de « primaire » au même titre que la joie, la tristesse, la colère, le dégoût et la surprise. Quand elle enregistre une information, l'amygdale le fait très vite et durablement, ce qui veut dire qu'il faut beaucoup de temps pour moduler ou modifier ses connexions neuronales.

« Nos préjugés pourraient-ils être observables au niveau de la structure de notre cerveau à la suite de l'apprentissage de ces mêmes préjugés ? »

« Aux États-Unis et aux Pays-Bas, les chercheurs en psychologie et neurosciences politiques John Jost et David Amodio de la NYU ont établi sur la base des travaux de Ryota Kanai que chez les électeurs conservateurs, l'amygdale était une zone du cerveau particulièrement active alors que chez les acteurs progressistes, le cortex cingulaire antérieur, zone cérébrale qui permet de réguler l'erreur, la mise en perspective et l'empathie, était plus développée », souligne Martial Mermillod pour illustrer l'immense plasticité du cerveau et le rôle respectif de ses différentes zones cérébrales dans la fabrique des émotions et des préjugés.

« Nous vivons à l'heure de la libération neuronale et nous ne le savons pas. La différence s'amenuise considérablement entre le psychisme et le cerveau et nous ne le savons pas », notait déjà en 2004 la philosophe Catherine Malabou dans *Que faire de notre cerveau ?* « Nos préjugés pourraient-ils être observables au niveau de la structure de notre cerveau à la suite de l'apprentissage de ces mêmes préjugés ? » : telle est la question du chercheur.

Eleanor Maguire et ses collaborateurs[1], des chercheurs en neurosciences travaillant sur la plasticité cérébrale, ont en effet constaté, grâce à l'imagerie par résonance magnétique, que les chauffeurs de taxi londoniens avaient un hippocampe plus développé que la moyenne, la taille de l'hippocampe étant proportionnellement modifiée selon l'expérience du chauffeur – plus le chauffeur a de métier, plus la partie postérieure de l'hippocampe grossit. D'autres chercheurs ont montré qu'il existait une corrélation entre le quotient intellectuel et les préjugés. De façon complémentaire, l'équipe de Gordon Hodson[2] qui travaille sur les préjugés racistes et homophobes, a pu statistiquement confirmer, sur un lot de plus de 10 000 personnes, que l'un des meilleurs prédicteurs des préjugés était le quotient intellectuel: « Plus le quotient intellectuel est faible, plus la production de préjugés est fréquente. Ce qui vaut pour les préjugés racistes et homophobes vaut sans doute aussi pour les préjugés à l'égard des personnes de petite taille. »

« Chaque milieu éducatif produit ses propres préjugés qui ont tendance à être reproduits par ceux qu'ils ont formés ou plutôt déformés. »

Pourtant, les choses ne sont pas aussi simples. S'il peut y avoir une corrélation entre le développement du quotient intellectuel et les préjugés, le chercheur rappelle que la production de préjugés varie en fonction de l'éducation dans laquelle l'enfant a grandi comme en fonction des normes sociales dominantes de chaque époque. « Chaque milieu éducatif produit ses propres préjugés, qui ont tendance à être reproduits par ceux qu'ils ont formés, ou plutôt déformés. » La fabrique des préjugés tiendrait ainsi à l'imbrication de trois facteurs: la plasticité du cerveau, le conditionnement des esprits par l'éducation (institutionnelle et familiale) et enfin le degré de résistance ou d'appropriation par chaque individu des normes sociales dominantes.

Il existe donc plusieurs leviers pour lutter contre les préjugés et tenter de les déminer. Ainsi, exposer les jeunes esprits à d'autres normes que celles transmises par leur famille – c'est notamment le rôle émancipateur de l'école et de la culture – et relativiser les normes sociales dominantes en confrontant les individus à des normes alternatives permettrait peut-être de réguler l'activité de l'amygdale cérébrale. « La projection en boucle de vidéos discriminantes à l'égard des personnes de petite taille sur un groupe test augmenterait vraisemblablement l'activité de l'amygdale. » Et donc les réactions de peur ou de répulsion. On peut alors imaginer que la surexposition du cerveau à des vidéos et des situations restaurant la dignité de leurs personnes produirait l'effet inverse, contribuant ainsi à la normalisation des rapports sociaux avec elles. Bonne nouvelle : la programmation neuronale à l'origine de nos comportements n'est ni fatale, ni irréversible, et si l'éducation joue un rôle de premier plan dans la fabrique des préjugés, elle peut aussi les déconstruire.

---

1. Maguire, E. A., Gadian, D. G., Johnsrude, I. S., Good, C. D., Ashburner, J., Frackowiak, R. S., & Frith, C. D. (2000). « Navigation-related structural change in the hippocampi of taxi drivers », *Proceedings of the National Academy of Sciences*, 97(8), 4398-4403.
2. Dhont, K. & Hodson, G. (2014). « Does lower cognitive ability predict greater prejudice? », Current Directions dans *Psychological Science*, 23, 454-459. _Costello, K. & Hodson, G. (2014). « Explaining dehumanization among children: The interspecies model of prejudice », *British Journal of Social Psychology*, 53(1), 175-197.

« La loi Chirac a 20 ans, mais on est encore au milieu du gué. »

Charlotte Parmentier-Lecocq

Députée de la 6e circonscription du Nord, conseillère départementale, elle a été précédemment ministre déléguée auprès du ministre des Solidarités, de l'Autonomie et de l'Égalité entre les femmes et les hommes, chargée des Personnes en situation de handicap. Depuis 2024, elle est ministre déléguée chargée de l'Autonomie et des Personnes handicapées.

Elle veut simplifier la vie des personnes en situation de handicap et faciliter leur accès aux droits. Le 9 juillet dernier, elle a annoncé une série de 18 mesures en ce sens. « Quand un handicap ne va pas évoluer favorablement, les droits qu'il ouvre doivent être reconnus définitivement », a déclaré la ministre à *Ouest-France* en ce début d'été à l'occasion d'un voyage dans le Morbihan, une étape dans son tour de France des MDPH.

Quand nous la rencontrons, début juin, avec la présidente de l'APPT et en présence de deux membres de son cabinet dans son bureau de l'avenue Duquesne, elle ouvre l'entretien par cette anecdote fraîchement racontée par une mère qui lui avoue ne pas oser aller chercher son enfant à l'école par peur qu'on se moque de lui à cause de sa petite taille. « Le fond du problème est culturel », pointe la ministre. Il faut bien sûr alléger et simplifier les démarches administratives, qui ajoutent une charge mentale éprouvante à la souffrance souvent omniprésente des personnes en situation de handicap. Mais le cœur de la bataille pour la dignité des personnes est de changer les représentations, « un travail de long terme, d'exigence et d'intransigeance » indispensable en complément et en amont de l'efficacité de l'appareil législatif et juridique. On peut changer plus vite la loi et le droit que les mentalités.

On peut changer plus vite la loi et le droit que les mentalités.

Comparativement à la manière dont sont perçues d'autres formes de handicap, la perception du nanisme est biaisée par tout un imaginaire du cirque, de la foire, du pouvoir construit par l'histoire et les grandes œuvres populaires de fiction. Comme si l'image du fou du roi était encore plantée comme un clou dans la tête de nos concitoyens. La figure du bouffon, du lutin joyeux ou au contraire du gnome méchant pèse encore très lourd dans la perception commune des personnes de petite taille. Cela ne justifie en rien la violence dont elles sont victimes dans l'espace public mais fait comprendre en partie d'où elle vient. Si on ajoute à cela que « le nanisme est un handicap moins connu que la trisomie, la paraplégie ou l'autisme », on comprend mieux les leviers sur lesquels agir. La ministre en distingue au moins cinq qui, du fait de leur interdépendance, seraient sans doute encore plus efficaces : « faire appliquer strictement la loi et le droit, pénaliser les pratiques inacceptables, former dès l'école primaire les esprits aux pathologies du nanisme, retourner les réseaux sociaux contre ceux qui en font leur défouloir privé de moquerie et de mépris, rendre visibles des témoignages de personnes de petite taille qui raconteraient leurs vies et les violences quotidiennes qu'elles subissent ».

« Le nanisme est un handicap moins connu que la trisomie, la paraplégie ou l'autisme. »

On ne construira pas cette société de bienveillance que la ministre appelle de ses vœux en un mandat ministériel. « La photo volée est une forme de harcèlement de rue », précise-t-elle, rappelant que Marlène Schiappa, ex-secrétaire d'État chargée de l'Égalité entre les femmes et les hommes et de la Lutte contre les discriminations, a fait voter en 2018 une loi sur le harcèlement de rue, désormais passible d'une amende de 1 500 euros. Charlotte Parmentier-Lecocq croit, tout comme Élisabeth Borne, ex-ministre de l'Éducation nationale, aux vertus de l'école inclusive pour éradiquer les préjugés et les discriminations liés à l'apparence physique, pour résister à la culture dominante du « validisme », pour dépasser aussi l'éthique de la différence, qui cache souvent une grande ignorance des pathologies du nanisme. On ne comprendra la différence que lorsqu'on comprendra aussi ce qu'elle rend concrètement impossible, inaccessible ou compliqué dans la vie ordinaire.

Ce travail pédagogique, il faut le mener sans relâche dans les écoles, dans les entreprises, auprès des médecins et des soignants, des enseignants et des éducateurs, des directeurs des ressources humaines et des cadres dirigeants. C'est à cette condition que notre devise républicaine – « Liberté, Égalité, Fraternité » – prendra tout son sens. « Ne rien lâcher sur l'employabilité, sur la formation des médecins, sur le changement des mentalités », insiste la ministre. Pourquoi les personnes de petite taille occupent-elles encore si rarement des postes visibles ? « La culture française est moins inclusive que la culture canadienne ou celle des pays du Nord », mais il n'y a pas de fatalité à ce qu'elle le reste.

Charlotte Parmentier-Lecocq a commencé un travail législatif transpartisan entre sénateurs et députés pour élaborer un projet de loi en trois volets : actualiser la définition du handicap, élargir les sanctions applicables aux discriminations, imaginer de nouvelles solutions qui améliorent la vie quotidienne des personnes en situation de handicap. À l'été 2025, elle a effectué un tour de France des MDPH afin de prendre la pleine mesure des disparités territoriales et d'harmoniser la prise en charge sociale de nos concitoyens vulnérables. « La loi Chirac a 20 ans, mais on est encore au milieu du gué », martèle-t-elle. Elle sait que l'intelligence humaine, stimulée par la société civile et combinée à la volonté politique, est un puissant accélérateur de particules susceptible de transformer les choses et de changer les esprits.

Un jour, les femmes et les hommes politiques n'emploieront plus le mot « nain » à tort et à travers.

Un jour, les femmes et les hommes politiques n'emploieront plus le mot « nain » à tort et à travers. Les formules fusent encore dans le langage actuel, mais l'usage figuré de ce mot par la classe politique ou entrepreneuriale n'arrange rien à la condition des personnes de petite taille. Il ne fait que conforter les préjugés dans leur bonne conscience et autorise presque les discriminations. Le jour où les dictionnaires signaleront le mot « nain » appliqué aux personnes comme relevant d'un usage vieilli ou obsolète, un petit pas aura été fait. Et comme on le sait, les petits pas pour les uns sont souvent un grand pas pour l'humanité.

« Cela me fait penser à l'histoire de la Vénus hottentote. »

GEORGE PAU-LANGEVIN

Avocate de formation, députée honoraire de Paris, George Pau-Langevin a occupé les fonctions de ministre déléguée à la Réussite éducative de 2012 à 2014 et de ministre des Outre-mer de 2014 à 2016. Elle a présidé le Mouvement contre le racisme et pour l'amitié entre les peuples (MRAP) et a piloté plusieurs travaux relatifs à la lutte contre les discriminations, notamment un rapport législatif sur les discriminations liées à l'origine. Elle a par ailleurs écrit deux ouvrages : *Guide pratique des étrangers. Le droit - Les démarches* et *Représenter le peuple français.* Depuis 2020, elle est adjointe de la Défenseure des droits, Claire Hédon.

La Vénus noire callipyge, bête de foire des capitales européennes, cela vous dit quelque chose ? C'est « la première référence qui vient à l'esprit » de George Pau-Langevin, vice-présidente du collège en charge de la lutte contre les discriminations et de la promotion de l'égalité. Elle nous reçoit une dizaine de jours avant l'affaire Lamine Yamal. Rétrospectivement, la référence historique n'en est que plus puissante. Elle dit à quel point les mentalités changent peu. Louer des nains en masse, sans autre intention que de les produire en spectacle pour leur seule petite taille afin d'amuser la galerie pour son anniversaire, et faire cohabiter joyeusement les petites créatures – la fête doit être parfaite, n'est-ce pas ? – avec des femmes blanches à gros seins, voilà bien une initiative qui aurait plu aux maîtres de la Vénus hottentote. Saartjie Baartman, une femme khoïsan esclave de colons boers en Afrique du Sud, connue pour son hypertrophie des fesses, a été exposée très jeune dans des zoos humains par son propriétaire. Ce dernier, décidé à faire découvrir au reste du monde sa lucrative anatomie, a débarqué à Londres en 1810 avant de poursuivre son show à succès en Hollande et en France. Contre les associations antiesclavagistes de l'époque qui cherchent à protéger sa dignité, Saartjie a toujours témoigné de son libre consentement et défendu son statut d'artiste justifiant un salaire. On l'expose nue avec d'autres animaux, on a le droit de la toucher. À Paris, le naturaliste Geoffroy Saint-Hilaire et le zoologue Georges Cuvier l'étudient, voyant dans son anatomie hors norme la preuve de l'infériorité de certaines races. La jeune femme, à qui ses maîtres avaient promis prospérité et liberté, meurt pauvre et moquée.

Il faudra attendre 2002 pour que la France rende à l'Afrique du Sud la dépouille de Saartjie, morte en 1815 à Paris. Dans l'histoire de la Vénus hottentote comme dans l'affaire Lamine Yamal, que plus de deux siècles séparent, la différence devient spectacle, la difformité fait rire ; c'est une ressource rare que les puissants ou ceux qui se croient tels sont libres d'exploiter à leur profit, pour se divertir, faire plaisir à leurs invités, montrer au monde que leur imagination et leur pouvoir sont sans limites. Quel est le problème puisque, dans les deux cas, les bêtes de foire sont consentantes et bien payées ?

De son bureau de la place de Fontenoy, dont la vue donne sur le manège des Invalides, George Pau-Langevin veille sur les actes discriminatoires. Ceux d'aujourd'hui sont sans commune mesure avec l'histoire de la Vénus hottentote. Pourtant, certaines pratiques très en vogue, comme la location de nains pour des enterrements de vie de jeune fille, relèvent d'une même culture. « Culture », est-ce vraiment le mot ? Même pas besoin d'être une star du foot aujourd'hui pour s'amuser avec des « nains ». Cette mentalité archaïque et grégaire, jouisseuse et narcissique, dopée au divertissement et au règne de la surenchère, s'est affranchie de toute norme éthique, d'autant plus facilement que « les réseaux sociaux, profitant du relatif vide juridique et législatif en matière d'encadrement et de sanction concernant les propos humiliants vis-à-vis de toute forme de différence, ont tendance à décupler la moquerie ou le mépris, sans pourtant chercher à le faire ».

« Les réseaux sociaux ont tendance à décupler la moquerie ou le mépris, sans pourtant chercher à le faire. »

L'avocate de formation rappelle que l'autorité administrative indépendante dont elle est membre veille, selon l'article 71-1 de la Constitution, « au respect des droits et libertés par les administrations de l'État, les collectivités territoriales, les établissements publics ainsi que par tout organisme investi d'une mission de service public ». Son administration traite 144 000 dossiers par an dont seulement 7 000 émanent de griefs liés à la discrimination. George Pau-Langevin rappelle qu'en matière de discriminations, « la première cause de saisine du Défenseur des droits est liée aux origines ethniques, la deuxième au handicap». Et dans les saisines pour des discriminations liées à l'apparence physique, «le nanisme est marginal, loin derrière les affaires relatives à la grossophobie». Elle se souvient précisément de deux cas. Dans le premier, une personne de petite taille contestait ses amendes de stationnement, arguant qu'elle ne pouvait accéder à l'horodateur: après l'analyse du Défenseur des droits, la plainte fut jugée recevable et la municipalité sommée d'y répondre. Deux options furent alors envisagées: abaisser les horodateurs de la commune ou dispenser de frais de stationnement les personnes en situation de handicap en possession d'une carte d'invalidité, option finalement retenue par la municipalité. Dans le second cas, une entreprise fut incriminée par une personne de petite taille à double titre: d'abord parce que deux ans après l'avoir embauchée, elle n'avait toujours pas fourni le fauteuil ergonomique prescrit par la médecine du travail, ensuite parce qu'elle avait sciemment laissé la moquerie interne sur les folles exigences de «la naine» se propager sur l'intranet de la société. Il fut donc établi que l'entreprise n'avait «respecté ni son obligation d'aménagement raisonnable ni son obligation de sécurité due à tous les salariés».

«La première cause de saisine du Défenseur des droits est liée aux origines ethniques, la deuxième au handicap.»

Sachant que «faire taire la haine sur les réseaux est très difficile», car tout message haineux ou humiliant peut être instantanément converti en message pseudo-humoristique, effacé ou brouillé par une nuée d'autres messages, la conscience vigilante de la place de Fontenoy croit à la responsabilisation des esprits, à la généralisation de la sensibilisation scolaire et civique à la condition des personnes en situation de handicap et à une éthique rigoureuse de l'information. «Il faut que les jeunes ambassadeurs des droits (Jade) deviennent auprès des jeunes le fer de lance de cette indispensable éducation au handicap sur le terrain. » Les Jade, formés et encadrés par le Défenseur des droits, sont des jeunes de 16 à 25 ans en service civique qui sensibilisent chaque année 50 000 enfants aux droits de l'enfant et à la non-discrimination. Ils interviennent dans les établissements scolaires, les centres de loisirs, les hôpitaux et les associations.

Les tigres ont fini par disparaître de *Fort-Boyard* au nom du bien-être animal et les « Passe » ont enfin le droit de parler. L'adjointe de la Défenseure des droits s'amuse tendrement de la juxtaposition de ces deux bonnes nouvelles, sans oublier de pointer les priorités dans une époque qui a souvent tendance à tout niveler et à tout confondre. Elle sait que les mentalités changent lentement et reconnaît volontiers que « l'imaginaire du nain construit par l'histoire et la fiction a déformé nos perceptions du nanisme ». À quand une personne de petite taille nommée Défenseur des droits par le président de la République ?

« L'imaginaire du nain construit par l'histoire et la fiction a déformé nos perceptions du nanisme. »

« Quand une personnalité politique est moquée comme "nain" en raison de sa petite taille, l'autorité n'hésite pas à rappeler aux éditeurs la charte qu'ils ont signée. »

LAURENCE PÉCAUT-RIVOLIER

Diplômée de l'École nationale de la magistrature, docteure en droit, conseillère à la Cour de cassation, elle est membre de l'Arcom depuis 2022 où elle préside le groupe de travail Protection des publics et diversité de la société française. Autrice de nombreux livres juridiques de référence chez Dalloz, elle a remis en 2013 au gouvernement un rapport sur les discriminations collectives en entreprise.

Elle compte parmi les neuf membres du collège de l'Arcom, le régulateur de l'audiovisuel et du numérique, présidé par Martin Ajdari. La Charte relative à la représentation des personnes handicapées et du handicap dans les médias audiovisuels, rédigée par cette autorité de régulation avec le CNCPH et les principales organisations représentatives des personnes en situation de handicap, « engage ses signataires à utiliser les mots justes pour prévenir l'emploi maladroit ou à mauvais escient de mots ou d'expressions susceptibles de véhiculer des préjugés sur le handicap et/ou de blesser les personnes handicapées ». Les mots sont la première arme défensive contre les préjugés et les stéréotypes, et une charte est une véritable plateforme de combat.

L'intention est claire, l'application plus difficile, car « plusieurs termes relatifs au handicap ont à la fois un sens propre et un sens figuré, comme par exemple autisme ou schizophrénie, fréquemment employés dans leur sens figuré ». Un autiste devient ainsi, au sens figuré, un individu qui refuse d'écouter autrui, s'enferme dans sa propre logique et a tendance à vivre dans le déni de la réalité. Un « schizo » désigne ironiquement un individu qui se comporte de manière incohérente, et non la personne souffrant d'une pathologie psychiatrique. Qu'en est-il du mot « nain » ? « L'Arcom a constaté qu'au sens propre, c'est-à-dire lorsqu'il est appliqué à une personne porteuse de ce handicap, le terme était souvent employé avec une connotation péjorative évidente. Quand il est employé au sens figuré pour se moquer de la petite taille d'un personnage, l'autorité n'hésite pas à rappeler aux éditeurs la charte qu'ils ont signée. »

« Plusieurs termes relatifs au handicap ont à la fois un sens propre et un sens figuré, comme par exemple autisme ou schizophrénie, fréquemment employés dans leur sens figuré. »

En revanche, l'institution n'intervient pas dans le cas où le mot est utilisé comme synonyme de « petit », en référence à la situation géopolitique d'un pays, par exemple. Avec la docteure en droit, la mesure est de mise : « La connotation péjorative du mot "nain" doit-elle imposer qu'on ne l'utilise plus du tout ? Ou faut-il le cantonner à son emploi figuré ? La question est ouverte. »

Quoi qu'il en soit, toute institution ne peut que s'en tenir à sa stricte vocation, et « l'Arcom n'a pas vocation à déterminer ce qui doit être considéré comme illégal » mais bien à « sensibiliser et inciter les éditeurs sur la manière d'évoquer le handicap et les personnes victimes d'un handicap ». L'autorité est ainsi intervenue dans le cadre de la charte du 3 décembre 2019 pour « inciter France Télévisions à mieux représenter les personnes de petite taille dans l'émission *Fort-Boyard*. Nous insistons toujours sur la nécessité de représenter les personnes dans des rôles banalisés qui ne font pas référence à leur aspect physique et, dans notre baromètre annuel de la diversité en 2023, nous avons ouvert une tribune à l'Association des personnes de petite taille pour évaluer précisément ce sujet ».

« La connotation péjorative du mot "nain" doit-elle imposer qu'on ne l'utilise plus du tout ? Ou faut-il le cantonner à son emploi figuré ? La question est ouverte. »

Lutter contre les stéréotypes suppose des outils efficaces et, à ce titre, la charte de décembre 2019 est exemplaire dans la mesure où elle a permis à l'Association des personnes de petite taille de mettre le holà à la diffusion massive des représentations caricaturales du nanisme véhiculées par les personnages de *Fort-Boyard*. L'Arcom n'étant pas le Conseil d'État, son pouvoir de coercition s'arrête à la détection, au signalement et au rappel à l'ordre des pratiques illicites, « notamment celles qui vont à l'encontre du respect de la dignité humaine, que ce soit dans la vie réelle ou sur les réseaux sociaux ». Le champ de surveillance est donc immense, démesuré presque, surtout quand on sait à quel point les réseaux sociaux sont souvent utilisés comme un défouloir où chacun se croit autorisé à laisser libre cours à ses pulsions et à quel point ils décuplent les pratiques discriminatoires attentatoires au respect de la dignité humaine. « Il revient à l'Arcom, en sa qualité de coordinateur des services numériques, de faire respecter le règlement européen en la matière. Dans l'obligation faite aux grandes plateformes d'évaluer les risques systémiques qu'elles peuvent générer et de prendre des mesures pour les atténuer, le cyberharcèlement et les atteintes aux personnes, notamment celles en situation de handicap, font l'objet d'une vigilance particulière. »

La loi du 30 septembre 1986 sur la liberté de communication prévoit, dans son article 15, que le régulateur s'assure que les programmes mis à la disposition du public par un service de communication audiovisuelle ne contiennent pas d'incitation à la haine ou à la violence fondée sur l'un des motifs visés à l'article 21 de la Charte des droits fondamentaux de l'Union européenne ou en raison de l'identité de genre. On comprend l'ampleur de la tâche face à la montée en puissance de la culture du mépris sur les réseaux sociaux où fleurissent, entre autres réjouissances, les comptes nanophiles en apparence mais nanophobes en vérité, dont l'humour potache épuise, parfois jusqu'à la nausée, le stéréotype du nain. On ne compte plus sur Facebook les « neurchis » de nains à la mode « Foudroyeur de naine », pour ne citer qu'un des plus brillants !

On sait à quel point les réseaux sociaux sont souvent utilisés comme un défouloir où chacun se croit autorisé à laisser libre cours à ses pulsions.

La riposte s'organise, même si elle n'est pas encore vraiment à la hauteur de la menace. « Le règlement sur les services numériques entré en vigueur en août 2024 prévoit, à la charge des plateformes, d'identifier les risques systémiques dont elles peuvent être le support et de mettre en place un système de signalement et de réponse à ces signalements. » La difficulté est encore plus manifeste quand il s'agit de s'attaquer aux utilisateurs, car « leur parole n'est contrainte que dans le cadre des textes qui identifient des propos illicites. Le reste relève de la liberté d'expression ». Précisons ce qui est illicite : la discrimination, notamment celle liée à l'apparence physique, l'incitation à la haine, le harcèlement en ligne. À ce propos, l'Arcom anime l'Observatoire de la haine en ligne, qui avait alerté au moment des Jeux paralympiques de Paris sur le risque de harcèlement des athlètes handicapés. Bonne nouvelle : le risque anticipé ne s'est pas concrétisé. Sans doute grâce à « l'appel à la vigilance de tous les acteurs : ceux du monde du sport, des médias, des plateformes en ligne, de la police et de la justice ».

« La parole des utilisateurs des platerformes n'est contrainte que dans le cadre des textes qui identifient des propos illicites. Le reste relève de la liberté d'expression. »

« En Angleterre, tout est permis sauf ce qui est interdit. En Allemagne, tout est interdit, sauf ce qui est permis. En France, tout est permis, même ce qui est interdit. En URSS, tout est interdit, même ce qui est permis. » On se souvient du bon mot de Winston Churchill. L'URSS a disparu et, de même, un jour viendra où le sujet des personnes de petite taille n'en sera plus un. C'est le vœu le plus sincère de Laurence Pécaut-Rivolier, son travail le plus quotidien aussi.

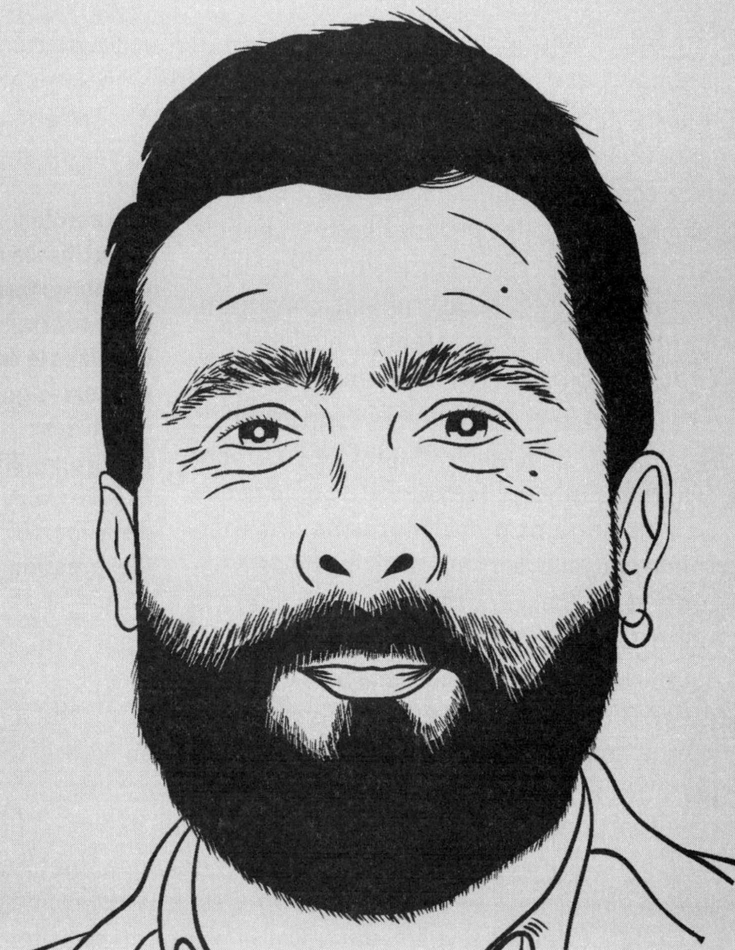

« Il faut faire basculer l'indignité. »

Sébastien Peytavie

Psychologue clinicien, ex-ailier de l'équipe de rugby fauteuil de Cahors, paraplégique depuis l'âge de 3 ans, le natif de Sarlat est député de la 4e circonscription de la Dordogne depuis 2022 et siège à l'unique fauteuil adapté de l'Assemblée nationale, le numéro 491. Il vient de superviser le rapport sur l'évaluation de la loi Chirac de 2005 sur le handicap en y intégrant les témoignages des personnes directement concernées.

« Vous imaginez une soirée organisée avec des paraplégiques, des unijambistes ou des trisomiques pour divertir vos invités ? » lance le député de la Dordogne pour aussitôt conclure que « cela serait inentendable ». Même Lamine Yamal, la star du Barça, n'y penserait pas, lui qui aime pourtant faire plaisir à ses invités. Bien que cela soit inacceptable au regard de l'éthique et de la dignité humaine, condamnable même au regard de la loi en Espagne, il reste entendable, envisageable et donc possible que des personnes de petite taille acceptent de vendre leurs services pour une soirée aux côtés d'une douzaine de jeunes femmes blondes à forte poitrine. En tout cas, aucun des 200 invités de la jeune star du foot, tous bluffés par l'originalité de la démonstration de puissance et de prestige du spectacle, n'a jugé cela « inentendable ».

La question liminaire que pose le député en guise de provocation rappelle cruellement le statut du nanisme dans notre pays. La pathologie n'est toujours pas inscrite au titre de handicap dans l'annexe du Code de l'action sociale et des familles (CASF). « Au nom de quoi serait-il plus compliqué d'inscrire le nanisme comme handicap dans le Code de l'action sociale et des familles, à part la non-volonté politique ? » On connaît l'article l-114 du CASF : « Constitue un handicap, selon la présente loi, toute limitation d'activité ou restriction de participation à la vie en société subie dans son environnement par une personne en raison d'une altération substantielle, durable ou définitive d'une ou plusieurs fonctions physiques, sensorielles, mentales, cognitives ou psychiques, d'un polyhandicap ou d'un trouble de santé invalidant. » Les mots sont précis, et le nanisme répond parfaitement à cette définition officielle du handicap. Le

« Vous imaginez une soirée organisée avec des paraplégiques, des unijambistes ou des trisomiques pour divertir vos invités ? »

député repart donc à la charge : « Vous voulez que je vous dise ? C'est la volonté politique qui manque. » Cela pose une autre grande question : « Quelle est la place d'une personne de petite taille dans notre société aujourd'hui ? » demande l'homme qui avait 23 ans quand la loi Chirac sur le handicap a été votée.

« Le refus de l'isolement et de l'exclusion conférera à notre société un supplément d'âme dont tout le monde profitera », déclarait Jacques Chirac il y a vingt ans. Aujourd'hui, seuls 40 % des bâtiments publics sont aux normes d'accessibilité. Et le député rappelle que, au moment du vote pour la présidence de l'Assemblée nationale en 2024, le protocole n'avait pas prévu de descendre l'urne jusqu'à son siège. Tout est question de priorité politique. De toutes les batailles pour le handicap – administrative, thérapeutique, éthique, pédagogique, lexicale –, « la bataille la plus décisive est la bataille politique ». « C'est le manque d'adaptation de l'environnement qui vient générer un handicap, pas la situation physique d'une personne », a plaidé Sébastien Peytavie à l'Assemblée avant que la suppression du vote « par assis et levés » soit décidée à l'unanimité par les 183 députés présents en mars 2025, mettant fin à l'exclusion des élus dans l'incapacité de se lever. Le député de la Dordogne rappelle qu'il a fallu deux ans pour mettre cette mesure à l'ordre du jour, mais moins de deux mois pour rédiger le texte et le faire adopter.

« Vous voulez que je vous dise ? C'est la volonté politique qui manque. »

La discrimination et la haine, Sébastien Peytavie connaît. Il a lui-même été menacé de mort par un blogueur se réclamant d'Aktion T4, la campagne d'extermination des personnes handicapées allemandes et autrichiennes par le régime nazi. Cette opération, considérée par Raul Hilberg comme un holocauste psychiatrique et la préfiguration de l'extermination des Juifs d'Europe, fit entre 70 000 et 80 000 victimes entre les seules années 1939 et 1941, selon les historiens. Il y a donc encore aujourd'hui des gens dans le monde pour penser que la personne handicapée est une créature dégénérée, condamnée à une vie improductive, onéreuse pour la collectivité, indigne d'être vécue. Une bouche inutile et, pire encore, une offense pour l'humanité.

On comprendra que, rapportée à ce genre de survivance, voire de résurgence funeste, la bataille lexicale pour éradiquer l'usage du mot « nain » appliqué aux personnes de petite taille semble un peu dérisoire. Et pourtant. La peur, la haine et le mépris sont des passions noires qui peuvent sédimenter dans toutes les cultures et toutes les couches de la société pour déformer en profondeur les mentalités. La bataille lexicale n'est certes pas la mère de toutes les batailles, précise le député, qui en profite pour préciser qu'il n'aime pas trop « la fausse pudeur de la langue politiquement correcte, car elle peut finir par mettre à distance les vrais sujets ». Il ne s'interdit pas d'ailleurs de parler parfois de « paraplégiques », de « borgnes » ou de « culs-de-jatte » pour marquer les esprits en lieu et place de l'expression officielle « personnes en situation de handicap ». Mais « toutes les batailles comptent », car si l'on se bat, c'est bien pour faire changer les choses et, dans la lutte contre les discriminations à l'égard de la diversité et du handicap, il n'y a pas de petites victoires.

Il n'aime pas trop « la fausse pudeur de la langue politiquement correcte, car elle peut finir par mettre à distance les vrais sujets »

« Il faut faire basculer l'indignité. » Cette phrase qui sonne comme un programme marque une volonté susceptible de fédérer toutes les mesures juridiques ou législatives à envisager et tout le travail pédagogique à mener dans la société civile. Elle s'applique aussi bien à la lutte contre la nanophobie. Comment faire pour que l'indignité change de camp ? « Légiférer, sanctionner, éduquer ». Éduquer les maires, les élus locaux, la police municipale, la gendarmerie, les enseignants, les soignants... en ouvrant *« le champ des possibles* » aux handicapés. « Suis-je légitime à faire autre chose que ce à quoi je suis assigné ? » : telle est la question, le « *to be or not to be* » des personnes vulnérables ou en situation de handicap. L'indignité est encore trop souvent à leur charge, elles qui se sentent assignées à certains postes, certaines fonctions, certains modes de vie « parce qu'elles ne se sentent pas légitimes à faire autre chose que ce à quoi on les assigne ».

On se souvient comment le Dr Treves, joué par Anthony Hopkins dans *Elephant Man*, de David Lynch, réapprend à John Merrick, à force de temps et de confiance, à parler un anglais parfait, arrachant ainsi l'homme à son rôle de bête de cirque exploitée par des marchands avides. « Un des meilleurs films sur la reconquête de la dignité », commente le député. Le film date de 1980, le combat continue.

« La France est le pays des droits de l'homme, mais pas pour les personnes handicapées. »

Jonas Ruškus

Diplômé de l'Université de Technologie de Compiègne, professeur à l'Université Vytautas Magnus, Lituanie, ancien vice-président du Comité de la Convention relative aux droits des personnes handicapées de l'ONU, Jonas Ruškus a été rapporteur pour l'audition du rapport de la France en 2021. En France, il a été assistant à la Communauté de l'Arche, engagée pour les personnes en situation de handicap intellectuel.

« Les personnes de petite taille sont invisibles sur la scène internationale des droits de l'homme. » Ce constat sans appel est celui d'une grande voix du droit international, originaire de Kaunas, en Lituanie, membre expert du comité de la Convention des droits des personnes handicapées à l'ONU de 2015 à 2022, vice-président de ce même comité et rapporteur pour la France en 2021. « La France est le pays des droits de l'homme, mais pas pour les personnes handicapées. » L'homme dont le jugement est si incisif n'est pourtant pas là pour juger la politique des États mais pour les aider, avec le relais actif de la société civile et des associations, à faire avancer la condition des personnes en situation de handicap partout dans le monde à force de rapports, d'observations et de prescriptions.

La CIDPH, adoptée par l'Assemblée générale des Nations unies fin 2006, a pour vocation de promouvoir, protéger et assurer la dignité, l'égalité devant la loi, les droits humains et les libertés fondamentales des personnes avec des handicaps en tout genre. À ce jour, 164 pays sur 192 l'ont signée. Elle auditionne les rapports des États sur la situation du handicap et les plaintes de particuliers ou de groupes de particuliers contre les discriminations, selon le Protocole facultatif relatif à la Convention. Son rôle n'est pas de contraindre mais de prescrire. Jonas Ruškus rappelle les principaux articles de l'arsenal juridique onusien, 50 articles en tout, soulignant que « n'importe quelle association peut s'en saisir pour faire avancer la législation de son pays en matière de respect des droits humains et des libertés fondamentales pour tous les genres de handicap, à condition de connaître les textes et de trouver le bon angle pour s'en saisir efficacement ».

Ainsi, par exemple, l'article 5 de la CIDPH interdit toutes les discriminations fondées sur le handicap, l'article 6 demande aux États d'assurer le plein épanouissement et l'autonomisation des femmes handicapées, l'article 7 oblige les États à assurer aux enfants handicapés toutes les libertés fondamentales sur la base de l'égalité avec les autres enfants, l'article 15 proscrit la torture et les traitements cruels, inhumains ou dégradants, l'article 16 interdit l'exploitation, la violence et la maltraitance, l'article 17 protège l'intégrité de toute personne humaine quel que soit son handicap, l'article 27 protège le droit au travail contre la discrimination et le harcèlement. Ce petit florilège suffit à faire comprendre à quel point cet arsenal juridique est précieux pour protéger la dignité des personnes de petite taille. Dans la jungle des rapports, à quoi servirait un rapport de plus sur leur situation ? À prouver, précisément, que telle situation nationale ou locale contredit objectivement les articles précités ou tout autre article de la Convention des droits des personnes handicapées de l'ONU. Il est alors essentiel de faire remonter l'affaire sur la scène juridique internationale afin de faire pression sur l'appareil législatif ou juridique du pays concerné.

« L'Espagne est historiquement plus active que la France dans la défense des personnes de petite taille. »

À ce titre, l'expert remarque que « l'Espagne est historiquement plus active que la France dans la défense des personnes de petite taille ». Cette cause souffrirait en France, selon son analyse, de trois handicaps. Le premier : la culture validiste dominante, qui a tendance à « déshumaniser les trop petits, à les voir comme une contrainte pour leurs proches et une charge financière pour la collectivité ». Le deuxième : la surpondération des autres types de handicap en termes de visibilité, notamment « le handicap intellectuel ou psychosocial qui est beaucoup plus fortement représenté auprès de l'ONU que celui de la petite taille ». Troisième handicap : un manque de mobilisation sociale autour de la condition des personnes de petite taille, qu'il attribue à l'institutionnalisation très française du handicap. « Seule une forte mobilisation sociale et associative dans chaque pays peut faire avancer les choses à l'international. » Pour que la voix porte au niveau mondial, il faut faire beaucoup de bruit dans chaque pays, que les associations soient à la fois respectivement plus puissantes et mutuellement plus coordonnées. L'intersectionnalité des luttes passe par une connaissance plus approfondie et sans doute aussi plus militante de toutes les ressources conjuguées du droit national et du droit international.

« Enfant, je rêvais
de devenir danseur.
À cause de mon handicap,
la chose était impossible.
Finalement, j'y suis arrivé. »

THIERRY SEGUIN

Thierry Seguin est directeur d'une institution unique en France : le Centre national pour la création adaptée (CNCA), créé en 2021 et installé à Morlaix, qui soutient la pratique artistique et professionnelle des personnes en situation de handicap, dans tous les champs de la création.

Cette citation du danseur et chorégraphe allemand Raimund Hoghe accompagne souvent le travail des équipes du Centre national pour la création adaptée. Elle témoigne de cette nécessité, partagée par tous les artistes, de s'affirmer comme créateur face au regard des autres. Pour les artistes dits « différents », que leur altérité éloigne des canons habituels, cette affirmation prend tout son sens, car elle s'oppose à toute assignation sociale qui n'envisage pas la personne là où elle se projette. Thierry Seguin souligne que « les parcours artistiques demeurent encore profondément inégaux, particulièrement lorsque, outre le travail pour développer son talent, un individu doit combattre une projection négative sur son propre choix ».

À partir de ce corps radicalement autre, marqué par une malformation de naissance au niveau du dos, Raimund Hoghe – immense interprète et théoricien – a su « réinterroger en profondeur nos normes esthétiques et corporelles », remarque le directeur du CNCA. L'interprète a aussi revendiqué la dimension « politique » de cet engagement, rappelant que sous l'Allemagne nazie, les personnes atteintes des mêmes troubles étaient assassinées.

Raimund Hoghe – immense interprète et théoricien – a su « réinterroger en profondeur nos normes esthétiques et corporelles ».

Même si la scène artistique est en pleine évolution et s'ouvre davantage aux minorités, notamment aux artistes en situation de handicap, le spectacle vivant reste encore trop souvent le reflet des inégalités présentes dans notre société. Comme ailleurs, le handicap y reste largement sous-représenté. Cet effacement alimente des préjugés, nourris parfois par l'ignorance et les stéréotypes. « Je suis toujours surpris par la fréquence des appels que nous recevons de la part de producteurs de films ou de spectacles à la recherche de “nains”. Cette manière de formuler les choses, clairement discriminante, révèle l’ignorance de certains interlocuteurs. Elle met également en lumière la façon dont le nanisme, peut-être plus encore que d’autres handicaps, est enfermé dans un imaginaire façonné par les contes et des représentations humiliantes. »

Aux yeux du directeur Thierry Seguin, « les personnes en situation de handicap sont encore trop souvent sujettes aux caricatures et rejettent avec force l’idée d’être réduites à leurs différences ou cantonnées à des rôles stéréotypés ». Pour de nombreux enfants concernés, « voir des personnes en situation de handicap valorisées dans des œuvres de fiction, dans les médias, sur scène ou dans les musées constitue une source d’identification positive, essentielle à leur construction personnelle ». À l’inverse, les représentations avilissantes renforcent leur mésestime d’eux-mêmes.

« Le monde de l’art a un rôle très important à jouer dans la transformation des représentations. Un musicien comme Michel Petrucciani, atteint d’une forme sévère de la maladie des os de verre, en est un exemple remarquable. » Très tôt, le pianiste s’est imposé dans l’histoire du jazz comme un interprète et un compositeur d’exception, bien avant sa disparition prématurée à l’âge de 36 ans. Pour son public, les conséquences physiques de sa maladie n’ont jamais été un critère de jugement. Paradoxalement, c’est en les oubliant au profit de son talent que le regard porté sur cette maladie a pu évoluer. « Il reste encore à multiplier les exemples d’interprètes d’exception rendus visibles auprès d’un large public par la force de leur talent. Il faut aussi, comme l’affirme Hortense Archambault, la directrice de la MC93 à Bobigny, mieux se fréquenter. » Cette fréquentation des

« Il reste encore à multiplier les exemples d’interprètes d’exception rendus visibles auprès d’un large public par la force de leur talent. »

diversités reste à promouvoir dans les lieux de culture et dans les écoles d'art.

Thierry Seguin est convaincu qu'il faut continuer à lutter contre les obstacles persistants qui empêchent encore trop souvent celles et ceux qui sont qualifiés de « différents » de prendre pleinement part à nos espaces communs. Il est également essentiel de contribuer activement à une meilleure connaissance de ce sujet, afin que l'ensemble de l'écosystème de l'art et des médias ne véhicule plus, même involontairement, des stéréotypes ou des images dégradantes. « Cela passe aussi par une introspection collective sur nos normes esthétiques. » Nos regards sont des constructions culturelles qu'il est essentiel d'interroger et de bousculer.

Nos regards sont des constructions culturelles qu'il est essentiel d'interroger et de bousculer.

La vie artistique peut être le théâtre de caricatures ou devenir le lieu du dépassement des préjugés. « Misons sur le mouvement pionnier engagé, il y a plusieurs années, par quelques artistes et professionnels et parions que son impact touchera l'ensemble du monde culturel. »

Depuis Morlaix, Thierry Seguin mène son combat pour ouvrir la scène artistique à tous les handicaps. On peut compter sur lui pour veiller à ce qu'aucun spectacle ne propose aux personnes de petite taille des rôles qui valoriseraient uniquement leur handicap.

« Les individus narcissiquement fragiles ont besoin de détruire la différence pour renforcer leur narcissisme défaillant. »

Michaël Stora

Psychologue et psychanalyste, il a cofondé l'Observatoire des mondes numériques en sciences humaines et créé L'École des héros pour aider les adolescents en souffrance. Il est l'auteur de nombreux ouvrages dont notamment *L'Enfant au risque du virtuel*, *Réseaux (a)sociaux. Découvrez le côté obscur des algorithmes* et *Et si les écrans nous soignaient ? Psychanalyse des jeux vidéo et autres plaisirs numériques*.

La santé mentale des adolescents est l'un de ses principaux champs d'activité et de recherche. Sollicité pour analyser les rapports sociaux distants ou toxiques avec les personnes de petite taille, il avance que « la différence est un miroir déformant de la haine de soi ». Se moquer de l'autre, ironiser sur son sort seraient des manières d'extérioriser, de purger ce que l'on n'aime pas en soi-même. La difformité physique génère assez communément une forme de peur instinctive et archaïque chez le sujet dit « normal ». L'ironie ou la moquerie deviennent alors un exutoire, une manifestation de cette répulsion primaire, sachant que « l'autre extériorisation possible de la répulsion physique est souvent la réduction au cliché ». Deux tactiques, donc, pour neutraliser la différence, au sens où on neutralise une cible que l'on veut détruire. On la neutralise pour éliminer la menace, le potentiel de déstabilisation qu'elle représente pour le sujet qui y est confronté.

Mais qui sont ces individus qui ont tendance à vivre la différence physique comme une menace pour leur psyché et la stabilité de leur monde ? « Ce sont généralement les individus narcissiquement fragiles qui ont besoin de détruire la différence pour renforcer leur narcissisme défaillant. » Et ce narcissisme défaillant trouve un refuge idéal dans les réseaux sociaux, qui fonctionnent comme des espaces de confort illimités parfaits pour doper l'estime de soi, chacun y cherchant prioritairement des contacts susceptibles de réagir et de penser comme lui.

L'observateur des mondes numériques approfondit son analyse en s'attaquant à la pseudo-éthique de la diversité des réseaux sociaux : « Leurs normes sont des normes californiennes, particulièrement sur Instagram et Facebook ; elles sont faussement inclusives. » Difficile de correspondre à ces normes quand on n'est ni mince, ni grand, ni parfaitement proportionné. Il faut toujours beaucoup de courage pour se construire aux antipodes des modèles. La tentation est de s'instituer comme victime ou comme bouffon, la victime existant par la plainte, le bouffon par l'appropriation du cliché du « nain joyeux ». Le psychothérapeute souligne ici le rôle salvateur de l'auto-ironie, qui fonctionne comme « un pied de nez créatif pour résister à la tyrannie des normes ». Une résistance d'autant plus vitale que la tyrannie des normes est aussi nourrie par la fiction et l'imaginaire de l'*heroic fantasy*. Dans la vie réelle, les personnes de petite taille n'ont pas la compensation symbolique que la fiction donne souvent aux personnages des « nains ». Par exemple, la caste des nains est chez J. R. R. Tolkien la caste des bons compagnons et des grands guerriers courageux, rappelle Michaël Stora. « Par rapport à ce stéréotype imaginaire de la puissance, la personne de petite taille réelle se révèle décevante. » La personne de petite taille se retrouve n'être que cela, une personne de petite taille, sans compensation imaginaire, sans pouvoir magique, une personne que seule sa taille qualifie, donc disqualifie aux yeux des autres. La stigmatisation peut alors se mettre en place. « Tout dépend de l'éducation : les enfants n'ont pas de rapport stigmatisant à la différence, mais à partir de l'école primaire, ils commencent à reproduire le discours des parents. » On peut donc échapper à la stigmatisation de la différence, mais cela demande une immense responsabilité des adultes et un engagement sans faille de toute la société.

L'auto-ironie, « un pied de nez créatif pour résister à la tyrannie des normes ».

« Dès que la société se déstabilise, on traque les boucs émissaires, car ils servent à renforcer artificiellement le sentiment de cohésion sociale. » Notre société est-elle en voie de déstabilisation ? déjà en état de déstabilisation avancée ? À chacun d'en juger et d'agir en conséquence.

« Objétisation, infantilisation et contamination du stigmate sont les syndromes dont souffrent le plus souvent les personnes de petite taille. »

Éric Verdier

Éric Verdier est responsable du pôle Discriminations, violence, santé (PDVS) au Mouvement d'action sociale (MAS). Titulaire d'un DESS en psychologie et expert en psychologie communautaire, il a notamment codirigé avec Max Tchung Ming *Violence et justice restaurative à l'école* et *Mettre en œuvre la justice restaurative en milieu éducatif*, et, avec d'autres auteurs, *La violence existe aussi au féminin*, *Petit manuel de gayrilla à l'usage des jeunes.*

Il écoute, c'est son métier. Écouter pour comprendre, partager, conseiller, réparer. D'emblée, il fait ce constat : si les personnes de petite taille occupent moins l'espace public que d'autres groupes sociaux, c'est que, « contrairement à ce qui s'est produit avec le racisme, les homosexuels, les femmes, aucun mouvement de mobilisation ou de contestation, de sensibilisation ou de revendication ne s'est levé pour eux ». Pas de Touche pas à mon pote, pas d'Act Up, de #MeToo, de Téléthon, de Sidaction pour sensibiliser, alerter, mobiliser l'opinion et les pouvoirs publics autour de la condition du nanisme et contre les discriminations dont elle peut faire l'objet. Par ailleurs, « personne en haut lieu ne s'est encore emparé du sujet ». Deux facteurs qui expliquent la relative invisibilité dont souffrent les personnes de petite taille.

L'expert connaît la langue des signes française, il en a même été l'interprète pour Emmanuelle Laborit, révélation théâtrale des Molière 1993 pour son adaptation des *Enfants du silence*, l'histoire d'une jeune femme sourde qui, pour protéger son monde personnel, refuse de lire sur les lèvres des autres.

Spécialiste de l'interaction sociale, le chercheur revendique l'influence du sociologue de l'École de Chicago Erving Goffman, qui a analysé, notamment dans *Stigmate. Les usages sociaux des handicaps*, comment un individu est stigmatisé dès qu'il s'écarte, dans la construction de son identité, des attentes normatives des autres. « Objétisation, infantilisation, contamination du stigmate sont les syndromes dont souffrent le plus souvent les personnes de petite taille et leurs proches. » L'objétisation nie ou occulte le sujet que représente, au même titre que toute personne, la personne de petite taille, pour la réduire à un statut inférieur de personnage de fantaisie, s'autorisant par là la moquerie à son égard. L'infantilisation relève de la même logique mais « avec un biais plus bienveillant qui confirme le cliché selon lequel tout ce qui est petit est sympathique, attachant, attendrissant». Quant à la contamination du stigmate, c'est «la bascule qui se fait quand toute personne proche se voit également moquée ou discriminée». Mais l'individu peut aussi refuser de se soumettre à la norme, au point de devenir le premier ambassadeur de la contestation, situation où «même les insultes les plus communes et les plus grossières ne le blessent plus». Ce qui était perçu comme une insulte ou une atteinte à la dignité humaine s'inverse et devient une fierté, source de reconnaissance sociale. C'est ce qu'on appelle l'«appropriation» du stigmate.

Car l'expert pointe aussi un autre processus commun à de nombreux groupes sociaux minoritaires : l'intériorisation de la discrimination, qu'il appelle l'«auto-discrimination». Je me dévalue moi-même afin de correspondre parfaitement à la norme sociale, «j'endosse le stéréotype pour être reconnu». Aux antipodes de cette auto-discrimination existe aussi le «processus inverse de l'élitisme» : le sujet cherche alors à devenir plus normal que les normaux, à être l'exception, l'individu qui se sépare des siens, celui qui, pour reprendre les mots d'Annie Ernaux dans son discours de Stockholm en 2022, «vengera sa race», au risque de la renier. Il s'agit dans ce cas d'imposer sa différence en la surpassant pour atteindre à un autre statut, de star, par exemple, avec le fantasme de l'amour de tous. Dans cette quête de reconnaissance universelle, la différence se retourne souvent contre son milieu d'origine, devenant en quelque sorte une différence anticommunautaire.

Ce qui était perçu comme une insulte ou une atteinte à la dignité humaine s'inverse et devient une fierté, source de reconnaissance sociale. C'est ce qu'on appelle l'« appropriation » du stigmate.

Éric Verdier cite le psychiatre et psychanalyste Christophe Dejours, qui a notamment étudié la souffrance au travail, révélant qu'elle est souvent générée par le sentiment de perte de dignité personnelle, d'auto-trahison et par la construction d'un faux self. Ce dernier concept désigne une construction artificielle qui fait office de protection symbolique. Elle permet au sujet de donner le change et de s'adapter à un milieu vécu comme dévalorisant ou hostile sans avoir l'impression de renoncer à lui-même. « Il y a beaucoup de faux self sur les réseaux sociaux, que je préfère appeler "réseaux asociaux". » Chacun s'y crée un personnage qu'il faut pouvoir identifier facilement, afin qu'il monte vite en puissance et en notoriété. Cela interdit les écarts par rapport à l'image stable que l'on veut construire. C'est le paradoxe des réseaux sociaux : alors qu'ils se présentent comme l'espace d'expression le plus libre et inventif du monde, tout y est très normé. D'où le pouvoir de la moquerie sur les réseaux. « La moquerie, c'est la jouissance de ne pas être comme celui dont on se moque », note le psychologue. Elle renforce l'estime de soi en confirmant la norme sociale dominante. Il y a deux régimes de normes, rappelle-t-il : celles qui servent à inclure et celles qui servent à exclure. « Quand on se conforme de manière excessive aux normes sociales au risque de diluer sa subjectivité dans le groupe, on parle de "normopathie" », un concept que le psychanalyste Jean-Pierre Lebrun a développé en tant que pathologie de la modernité. Les réseaux sociaux sont, à ses yeux, devenus fournisseur officiel en normopathie. « Les ères préfascistes sont toujours normopathes », souligne Éric Verdier. Il faut alors des résistants et des rebelles pour changer la donne. Serions-nous entrés à nouveau dans une ère préfasciste ? Trouverons-nous les résistants et les rebelles pour s'opposer à son avènement ?

« La moquerie c'est la jouissance de ne pas être comme celui dont on se moque. »

« Il faut raconter
de nouvelles histoires
loin des clichés
compatissants
ou validistes. »

Luc Wise

Diplômé de Cambridge et de l'université Panthéon-Sorbonne, Luc Wise est PDG et fondateur de l'agence de communication The Good Company, engagée et responsable, qui travaille notamment avec Monoprix, la Macif et Boulanger.

Il cite Henri Bergson : « L'avenir n'est pas ce qui va nous arriver, c'est ce que nous allons en faire. » Volontariste, le publicitaire est lucide et sait parfaitement que « changer durablement les mentalités prend toujours plusieurs générations, et leur évolution n'est jamais linéaire mais subit des flux et reflux, ce qui exige une lutte de tous les jours ». Il en va ainsi des combats féministes, des luttes pour les droits LGBTQI+ ou des politiques de diversité et inclusion dans les entreprises. Pour les personnes de petite taille, « la figure du nain étant une figure centrale de nos cultures populaires, le changement de mentalité est sans doute plus complexe ». De Blanche-Neige aux Oompas-Loompas de *Charlie et la Chocolaterie*, en passant par les 13 nains compagnons de Bilbo le Hobbit dans *Le Seigneur des anneaux*, nous avons tous grandi avec des récits qui ont structuré notre imaginaire et, « même si ces personnages sont fidèles, loyaux ou courageux, ils biaisent notre perception réelle des personnes de petite taille ». Pas évident, donc, de lutter contre la force de ces mythes, d'autant que d'autres récits populaires comme *Fort-Boyard* ou la culture du cabaret et du cirque ont renforcé le cliché de la personne de petite taille sympathique et rigolote. Le publicitaire voit même dans l'anniversaire très médiatique et très polémique du jeune footballeur Lamine Yamal l'héritage inconscient de cette culture populaire : « Pour le joueur et son entourage, les personnes de petite taille sont des personnages de fiction, liés à la fantaisie et à la fête. C'est une vision hors-sol des choses. »

« La figure du nain étant une figure centrale de nos cultures populaires, le changement de mentalité est sans doute plus complexe. »

Les personnes de petite taille ont certes le droit de travailler où et comme elles veulent, mais « le vrai sujet est que nos systèmes éducatifs, nos milieux professionnels, notre société tout entière doit proposer d'autres opportunités, d'autres perspectives aux personnes de petite taille. Et faire en sorte qu'elles y croient aussi ! Donner comme seule perspective la marchandisation des corps n'est pas une vision viable ». Il y a une nouvelle grande histoire collective à écrire. C'est le moment de s'attaquer globalement au sujet, car les personnes en situation de handicap sont de moins en moins invisibilisées socialement. La façon dont les personnes de petite taille sont représentées dans les films, les séries, les émissions TV, les publicités est une partie de la solution. « Même si seulement 1 % des publicités analysées par notre étude The Good Company – Kantar en 2023 montrent des personnes en situation de handicap, ce chiffre est en augmentation constante depuis quinze ans. Et 70 % des Français·es attendent que les marques soient plus inclusives et fassent preuve de diversité dans leur communication. »

« 70 % des Français.es attendent que les marques soient plus inclusives et fassent preuve de diversité dans leurs communications. »

Le sujet de la représentation est quantitatif, mais surtout qualitatif : il faut que les images nous aident à déconstruire les clichés. Le publicitaire cite deux exemples : *Cet homme est un con*, un spot belge de 2023 pour l'Année européenne des personnes handicapées et la marque Maltesers. Le premier film met en scène un homme grossier, misogyne, antipathique au possible, et, dans un dernier plan, révèle qu'il est en fauteuil roulant ; le portrait se conclut par ces mots : « Cet homme est une personne handicapée. Mais avant tout, cet homme est un con. Les personnes en situation de handicap sont des hommes et des femmes comme les autres. » Et Maltesers, une marque de confiserie chocolatée du groupe Mars, a intégré, dans sa série publicitaire anglaise construite autour de petits moments d'humour à partager à la machine à café, des protagonistes en situation de handicap, les actrices malentendantes Genevieve Barr, Lara Steward et Samantha Renke. Plus récemment, l'assureur Macif ou la marque Café Joyeux ont aussi intelligemment mis en scène des personnes en situation de handicap « loin des clichés compatissants et validistes. Le jour où les récits publics montreront des personnes en situation de handicap comme des personnes, tout simplement, le combat sera gagné ». Luc Wise rappelle les exigences de Peter Dinklage avant de signer pour le rôle de Tyrion Lannister dans *Game of Thrones* – « *No beard, no pointy shoes, a romantic, real human being* » – avant de souligner que « son jeu et la complexité de son rôle importent beaucoup plus que sa taille ». Le jeu comique de Steve Way dans la série *Ramy* contribue également à initier un regard différent sur le handicap. À ses yeux, Peter Dinklage et Steve Way contribuent bien plus efficacement à lutter contre les préjugés que la *cancel culture* contemporaine.

« Remanier les personnages de *Blanche-Neige* ou retirer *Autant en emporte le vent* des catalogues de cinéma n'est pas la façon la plus efficace de changer le regard. »

« Remanier les personnages de *Blanche-Neige* ou retirer *Autant en emporte le vent* des catalogues de cinéma n'est pas la façon la plus efficace de changer le regard. » Plutôt que de corriger a posteriori, le publicitaire préférerait que l'on continue à diffuser ces œuvres « tout en expliquant et en déconstruisant le contexte historique dans lequel elles ont été créées ». Sachant que les blagues sur les nains font partie de la culture populaire « au même titre que les blagues sexistes ou racistes », Luc Wise croit au pouvoir des contre-récits pour résister à l'arme de destruction massive de l'humour quant à la dignité des personnes de petite taille. « Plus il y aura de blagues qui se moquent de nos préjugés, des réflexes validistes ou qui représentent les personnes de petite taille sous un angle différent, plus vite nos sociétés évolueront. » Il suffit de voir comment toute une nouvelle génération d'humoristes femmes a réussi à déminer le pouvoir toxique de la vieille culture masculiniste et misogyne. «Je pense aussi au travail du regretté Guillaume Bats, qui a su utiliser les pouvoirs de l'humour et de l'autodérision pour changer le regard sur le handicap.» Le comédien, atteint de la maladie des os de verre, star de l'émission *On n'demande qu'à en rire*, ami de Jérémy Ferrari, Laurent Baffie, Jean-Pascal Zadi et créateur notamment des spectacles *Tous tordus* et *Hors cadre*, a sans doute plus fait dans sa carrière pour inverser les perceptions et détruire les préjugés que tout le travail de réécriture des classiques de la littérature par l'école du *sensitive writing*.

Dignité et liberté : l'héritage de l'arrêt Morsang-sur-Orge

Denis Piveteau
Conseiller d'État et ancien dirigeant de la Caisse nationale de solidarité pour l'autonomie

Est-il fatal que malgré l'évolution positive des mentalités, on voie encore « le nain » à la place de « la personne de petite taille » ?
La réponse appartient aux sociologues et aux historiens des mentalités ! Mais je me demande si cela ne tient pas, en partie, au fait que la personne de petite taille est en réalité très semblable à quiconque... sauf par sa taille. Ressembler sans ressembler, c'est le propre de ce qui fait peur et fascine à la fois, et fait naître le fantasme du « nain ». Au fond, si j'ose cette formule provocatrice, la petite taille est une situation de « handicap invisible ». Non pas qu'on ne la voie pas ! Mais on ne la voit pas pour ce qu'elle est, c'est-à-dire rien de plus ni de moins qu'une situation de handicap.

Notre monde qui se veut si « inclusif » n'est-il pas au contraire en train de produire, notamment par le potentiel toxique des réseaux sociaux, des formes inédites de discrimination ?
C'est certain et, d'ailleurs, beaucoup d'autres groupes sociaux sont aujourd'hui également victimes de harcèlement, physique ou numérique (tenant à la race, à l'appartenance religieuse, à l'orientation sexuelle...), qui sont profondément inadmissibles. Mais les personnes de petite taille subissent en quelque sorte la « double peine » d'être à l'intersection de deux situations discriminantes : d'une part celle du handicap physique, avec sa dure réalité d'empêchement au quotidien et, d'autre part, la raillerie sociale, qui vient cruellement se greffer sur la première. C'est une situation de double exclusion, d'autant plus violente qu'elle prend son origine dans une différence physique objectivement dérisoire.

Dès que l'on parle de « dignité humaine », c'est l'arrêt Morsang-sur-Orge qui fait référence. Estimez-vous qu'il offre aujourd'hui une protection suffisante aux principaux concernés ? A contrario, présente-t-il des limites et, si oui, lesquelles ?

Contrairement à ce qu'on entend parfois, l'arrêt du Conseil d'État du 27 octobre 1995 « Commune de Morsang-sur-Orge » n'a pas du tout fait surgir le principe de dignité de la personne humaine, qui était à l'époque déjà parfaitement installé dans notre droit. De nombreux textes internationaux, ratifiés par la France, en faisaient déjà mention et, par une décision du 27 juillet 1994, le Conseil constitutionnel en avait fait un « principe à valeur constitutionnelle », dégagé du préambule de la Constitution de 1946.

En revanche, si cet arrêt est important, c'est parce qu'il donne à ce principe une portée pratique, en en faisant une des composantes de l'« ordre public » qu'il revient aux autorités municipales de faire respecter. La force de cet arrêt, c'est donc sa visée concrète : permettre à des maires d'interdire les spectacles de « lancer de nains » sans que leur interdiction soit annulée par le tribunal administratif, comme cela avait été le cas à Aix-les-Bains et à Morsang-sur-Orge. Les conclusions du commissaire du gouvernement, Patrick Frydman, qui sont publiques et méritent d'être lues, sont extrêmement claires : ce qui manquait n'était pas le principe, mais la voie pour le faire appliquer, en l'absence de toute répression pénale et de toute autre autorité de police compétente. Il fallait donc, si vous me permettez l'expression, faire « rentrer le principe » dans les compétences que le maire tient de l'article L. 2212-2 du Code général des collectivités territoriales. C'est la force de cet arrêt… mais c'est aussi, j'y reviendrai, sa principale limite.

Comment arbitrer entre le respect de la dignité humaine et la liberté de chacun à disposer de son corps dans la lutte contre les pratiques humiliantes envers les personnes de petite taille ?

Les attaques contre l'arrêt Morsang-sur-Orge – j'ai pu mesurer qu'elles demeurent vives ! – tournent effectivement, le plus souvent, autour de l'atteinte aux libertés. Liberté « personnelle » de disposer de son corps, mais aussi liberté de travailler – pour la personne de petite taille qui se fait lancer – ou encore, si on élargit la question à d'autres formes de spectacles, liberté d'expression ou de communication. On fait ainsi remarquer que la personne de petite taille non seulement consent pleinement à ce qu'on lui propose – ce qui est tout de même le minimum ! –, mais qu'elle ne ressent aucune indignité dans l'exercice et redoute, au contraire, de perdre ce sentiment de dignité que lui donne le fait de gagner sa vie.

Tout cela s'entend, mais repose sur une confusion entre deux notions de dignité de la personne. Il existe bien sûr une dignité « subjective » : la situation vécue par la personne est-elle dégradante à ses propres yeux ? Mais il existe aussi, bien plus structurante pour la société, une dignité « objective » : la situation est-elle dégradante au regard de l'idée que, collectivement, nous nous faisons de ce qu'est une personne humaine ? Le droit français fait partie des systèmes juridiques pour lesquels la « dignité de la personne humaine » ne s'entend que dans son sens objectif. Or, autant l'indignité « subjective » doit s'effacer derrière le choix de la personne concernée, autant l'indignité « objective » doit, elle, s'imposer même à des personnes qui ne la ressentent pas. C'est tout le sens de la notion d'« ordre public » : il s'agit d'une règle sociale, de l'expression de notre vision de l'homme et de la société. Avec le temps, bien sûr, cette vision peut évoluer, mais les particuliers ne peuvent pas librement en disposer.

D'ailleurs, pour revenir au « lancer de nains », ce qui porte atteinte à la dignité est moins le lancer en lui-même (car on ne critiquerait pas forcément une performance artistique par laquelle une personne de petite taille, profitant de son physique et avec adresse, effectuerait des cascades dans les airs) que le fait qu'il s'agit d'une distraction de discothèque consistant à ce qu'un « nain » passe entre les mains de consommateurs un peu alcoolisés qui s'amusent à le saisir par une poignée pour le lancer comme un objet. C'est le spectacle dans son ensemble qui est profondément dégradant.

C'est pour cela que, dans l'arrêt de 1995, il n'y avait pas d'arbitrage à effectuer entre un certain degré d'atteinte au principe de dignité et l'importance du respect d'autres libertés fondamentales : le spectacle était par lui-même une négation de la dignité, son interdiction était la seule issue. En revanche, il y a des circonstances dans lesquelles le juge doit effectivement rechercher un équilibre entre ce principe et d'autres libertés. Par exemple lorsque, dans un spectacle d'humoriste qui est par construction moqueur et railleur, on doit se demander si tel propos excède ou non la limite de ce qui est légitime. C'est ce qui s'est passé, par exemple, il y a une dizaine d'années, pour des spectacles de l'humoriste Dieudonné, dont le Conseil d'État a jugé que leur atteinte à la dignité de la personne humaine allait au-delà de ce que protège la liberté d'expression.

Quelles seraient les mesures prioritaires pour rendre l'arsenal juridique plus complet et plus efficace dans la protection de la dignité des personnes de petite taille ?

Soyons clairs : la solution de l'arrêt Morsang-sur-Orge, même si elle se transpose sans peine à d'autres situations que le « lancer de nains », n'est qu'un palliatif, certainement insuffisant. Là encore, on peut se référer aux conclusions de Patrick Frydman, qui pointait, par avance, le caractère mal adapté de la solution à laquelle le Conseil d'État devait néanmoins se résoudre. Car quel sens cela a-t-il de faire reposer sur chacun des quelque 35 000 maires de France la responsabilité de se prononcer sur quelque chose qui, évidemment, ne varie pas d'une commune à une autre ? Bref, les lacunes de nos instruments juridiques qui, en 1995, ont conduit le Conseil d'État à faire œuvre de créativité jurisprudentielle sont toujours aussi béantes. Il faudrait au minimum qu'un texte de procédure administrative contentieuse, donc un texte réglementaire, permette qu'une action en justice puisse s'exercer à l'échelle nationale.

Un voyage lexical à la recherche du mot « nain » dans nos dictionnaires français

Jean Pruvost
Métalexicographe

La naissance d'un mot accompagné de ses variantes

L'étymologie du mot « nain » – qui doit être distinguée de l'histoire du mot – est sans réelle difficulté.

Du grec *nanos*, signifiant « petit », est né le mot latin *nanus*, substantif désignant la personne de plus petite taille que la taille ordinaire. Du mot latin a dérivé le mot français « nain », attesté dès 1170 chez Chrétien de Troyes, dans *Érec et Énide*, qui définit un homme de très petite taille. Dans un court article du *Thresor des trois langues, espagnole, françoise et italienne*, publié en 1617, s'ajoute à la définition de « nain » ou « naintre » un commentaire signalant une difformité : « Enano, un nain ou naintre, un nanno, huomo picciolo, & diforme ».

Au XIIIe siècle, est également attesté le féminin « naine », sans doute déjà en usage auparavant.

Dès 1210, le substantif « nain » a été utilisé en tant qu'adjectif, en apposition, pour désigner quelque chose ayant peu de valeur, ou étant peu considéré. Dans une lettre de Voltaire adressée au royaume de Prusse et citée par Littré, datée de 1740, apparaît un sens figuré souvent évoqué par la suite : « Il faut... à tout petit esprit des dignités, des places ; le nain monte sur des échasses ; Que de nains couronnés paraissent des géants. »

Une histoire d'abord neutre

Le tout premier dictionnaire monolingue français, le *Dictionnaire françois* de Pierre Richelet, précise que le nain est « celui qui est petit au-delà [orthographe du moment] de ce que naturellement il dit être », tout en ajoutant un exemple significatif d'une tradition se rattachant à la monarchie, celle du « nain de cour » : « C'est le nain du roi. » Il signale également, sans la définir, l'expression « arbre nain », mettant en relief l'usage du substantif en tant qu'adjectif. Dans la toute première définition du mot « nain » en français, il n'y a point d'autre ségrégation physiologique que celle de la taille, mais le signalement d'un statut particulier auprès du roi et de la reine. Dix ans plus tard, la publication remarquée du second dictionnaire en langue française qui ne passe pas par le latin, le *Dictionnaire universel* d'Antoine Furetière, ne comporte pas non plus de marque dévalorisante à propos du nain. Ne sont en effet évoqués que la taille et le rôle des nains chez les grands seigneurs.

De son côté, en 1694, dans la première édition de son dictionnaire, l'Académie française reste relativement neutre, bien qu'elle signale que « les nains sont d'ordinaire contrefaits », tout en offrant dans les exemples « un joli nain ».

Si l'adjectif « contrefait » souligne une difformité, les autres adjectifs accompagnant le mot « nain » – « joli », « vilain » – ne sont en définitive que des épithètes habituelles pour caractériser l'apparence des êtres humains.

L'exceptionnelle pérennité du *Dictionnaire de l'Académie française* justifie que nous fassions une entorse à l'ordre chronologique. Notre plus ancien dictionnaire, qui a vaillamment traversé les siècles de sa première édition en 1694 à la neuvième en 2024, nous permet d'analyser les modifications de l'article au cours du temps.

De fait, à très peu de détails près, l'article reste inchangé jusqu'à la septième édition, en 1878, qui ajoute la seule mention du « Nain jaune », « sorte de jeu de cartes où l'on emploie un tableau au milieu duquel est représenté un nain tenant à la main un sept de carreau ».

Anticipons donc en évoquant les deux dernières éditions : la huitième, publiée en 1935, et la neuvième, achevée en 2024. Pour la huitième, on apprécie que la définition stricto sensu ne soit pas modifiée et que soit ajoutée une remarque d'ordre littéraire : « Les contes de fées sont pleins de géants et de nains. »

Quant à la dernière édition récemment achevée, après avoir rappelé l'étymologie et l'apparition du mot français au XIIe siècle, elle offre une heureuse synthèse de l'usage du mot « nain » en français, sans omettre quelques données encyclopédiques. Nous en donnons ici l'intégralité :

« NAIN, NAINE nom et adjectif
ÉTYMOLOGIE : XIIe siècle. Issu du latin *nanus*, de même sens.
1. N. Personne qui est d'une taille beaucoup plus petite que la taille ordinaire, qui est atteinte de nanisme. *Les nains et les géants des contes de fées. Les princes avaient souvent un nain dans leur suite.* Fig. *Vous êtes, vous paraissez un nain auprès de lui.*
♦ Marque de domaine : jeux. *Nain jaune.*
2. ADJ. Qui est d'une taille inférieure à la normale, à la moyenne. *Arbres nains*, arbres fruitiers qui ne croissent ou qu'on ne laisse croître que jusqu'à une hauteur médiocre et qu'on taille en buisson. *Les bonsaïs sont des arbres décoratifs nains cultivés en pot. Buis nain*, variété de buis qui ne devient jamais aussi grand que le buis ordinaire. *Rosier nain.* En parlant de certaines races d'animaux. *Un caniche nain. Une poule naine.*
▪ Spécialement. *Œuf nain*, dépourvu de jaune.
▪ Marque de domaine : astronomie. *Une étoile naine*, dont le diamètre est plus petit que celui d'autres étoiles. *Planète naine*. Subst. *Une naine blanche*, une petite étoile de grande densité, de faible luminosité. *Une naine brune*, une étoile de faible masse, qui ne peut être le siège de réactions nucléaires. »

« Nain » et « naine », deux mots au siècle des Lumières

De Trévoux à l'*Encyclopédie* de Diderot et d'Alembert

Revenons à l'ordre chronologique et à l'évolution des définitions qui ont succédé à celles des trois dictionnaires du Grand Siècle : les dictionnaires de Richelet, de Furetière et de l'Académie française, lesquels constituent la souche d'où sont issus tous les dictionnaires qui suivront. Ainsi, en 1721, dans le *Dictionnaire universel françois et latin*, dit « Dictionnaire de Trévoux », la définition reste identique, pour l'essentiel, à celle donnée par Antoine Furetière, mais l'article ajoute la mention d'un « petit œuf ou œuf nain ». Il s'agit du « dernier que la poule pond dans la saison », œuf stérile. L'adjectif « nain » prend ainsi un sens biologique.

Personne ne peut ignorer l'*Encyclopédie, ou Dictionnaire raisonné des sciences, des arts et des métiers*, dont Diderot et d'Alembert sont les maîtres d'œuvre. On doit notamment à l'un des rédacteurs principaux de l'*Encyclopédie*, le chevalier Louis de Jaucourt, la rédaction dans le tome XI publié en 1765 de l'article consacré au mot « nain », dont la définition première se résume à « quelqu'un qui est de taille excessivement petite ». Le rédacteur décide de prendre « deux exemples vivants de nains, tous deux à peu près de même âge, & tous deux différens de figure, d'esprit & de caractère ».

Aussi les deux nains célèbres choisis par l'encyclopédiste sont-ils « le nain » de Sa Majesté le roi de Pologne et duc de Lorraine, Nicolas Ferry, et celui de Mme Humiecska, M. Borwilasky. Nicolas Ferry était, dit-on, de taille si minuscule que la légende lui donna pour berceau un sabot rempli de laine. Le surnom qu'on lui donna à la naissance, Bébé, est à l'origine même du mot français « bébé ». Nicolas Ferry fait l'objet de la part de l'encyclopédiste d'une comparaison précise par rapport à sa fratrie puis d'une description pour ainsi dire « clinique ». Hélas, « dans sa 20e année », il a « déjà le dos courbé par la vieillesse : son teint est flétri ; une de ses épaules est plus grosse que l'autre ; [...] son esprit ne s'est point formé, & on n'a jamais pu lui apprendre à lire ».

Le second nain présenté est celui de Mme Humiecska, nommé M. Borwilasky, « gentilhomme polonais ». Le portrait qui en est fait est alors très différent : ayant 22 ans en 1760, « Joseph » est bien formé malgré sa très petite taille, et il est présenté comme de proportions naturelles, sait lire et écrire. La fratrie est aussi évoquée à titre de comparaison.

On est ensuite surpris en continuant la lecture de l'article « nain » de l'*Encyclopédie* de découvrir un article présenté comme relevant de l'histoire moderne consacrée aux « nains » au pluriel, sortes de Pygmées « recherchés pour les amusemens du grand seigneur ». Et les remarques déplacées s'installent alors : plus le malheureux a en effet de handicaps, plus il semble admiré.

***Le Grand Vocabulaire françois*, l'abbé Féraud et la phonétique**

En écho à l'*Encyclopédie* de Diderot et d'Alembert, l'éditeur Charles-Joseph Panckoucke publia, de 1767 à 1774, *Le Grand Vocabulaire françois*, avec pas moins de 30 volumes. Il propose la définition suivante à l'article « nain » : « Qui est d'une taille beaucoup au-dessous de la médiocre », suivie d'un exemple opposant le « vilain nain » à une « jolie naine ». Le « beau sexe » n'a jamais manqué d'être signalé...

Un XIXe siècle sans tendresse

Rien de neuf, à part l'usage de l'adjectif « médiocre » dans la définition initiale du *Dictionnaire universel* de Boiste, paru en 1803 : « Nain,

Pumilius, qui est d'une taille au-dessous de la médiocre ». De prix modeste et offrant par ailleurs un équivalent latin à chaque mot, le dictionnaire de Boiste connut un vif succès. Quelle est la définition de « médiocre » dans le *Dictionnaire de l'Académie française*, faisant autorité à la fin du XVIIIe siècle ? « Médiocre. Qui est entre le grand et le petit, entre le bon et le mauvais. *Une somme médiocre, un cheval de médiocre taille* ».

Viennent ensuite des dictionnaires qui, au-delà de la définition initiale, sans surprise, offrent des commentaires relativement froids et sans la moindre empathie, avec pour alibi un supposé regard scientifique.

En 1842 paraissait ainsi le *Complément du Dictionnaire de l'Académie française*, par Louis Barré. La définition du nain y est sans la moindre commisération, même si l'angle choisi est celui de l'histoire, notamment à travers la mythologie scandinave : « Il se dit d'une espèce d'êtres élémentaires semblables aux gnomes. Les nains sont sans doute les Lapons, et les hommes adonnés aux arts et aux métiers, qu'une nation guerrière devrait regarder comme l'occupation des lâches et des esclaves. »

En ce siècle de conflit entre les superstitions et le scientisme, Jacques Collin de Plancy, auteur du *Dictionnaire infernal* (1818), se déclare « libre-penseur » et disciple de Voltaire, et se passionne pour la description de l'occultisme alors très en vogue. Son dictionnaire, très lu, véhicule néanmoins force images négatives qui s'impriment chez ses contemporains. On reprend ici en partie l'article, qui adopte un ton pseudoscientifique, à mi-chemin entre histoire et légende.

« Nains. Aux noces d'un certain roi de Bavière, on vit un nain si petit, qu'on l'enferma dans un pâté, armé d'une lance et d'une épée. Il en sortit au milieu du repas, sauta sur la table, la lance en arrêt et excita l'admiration de tout le monde. »

La supposée information, anecdotique, fait écho au statut du nain auprès des grands : un objet de divertissement et de surprise, ici dans la tradition des surprises ménagées aux convives au cœur d'un grand repas.

Suit un commentaire souvent repris à propos des Pygmées et des grues : « La fable dit que les Pygmées n'avaient que deux pieds de hauteur, et qu'ils étaient toujours en guerre avec les grues. »

Et Collin de Plancy de mettre alors en relief à propos des Grecs l'opposition entre géants et Pygmées. L'article se poursuit avec l'écrivain anglais Swift et le célèbre Gulliver voyageant au pays des « petits nains pas plus hauts que le pouce ». Il précise alors, diffusant une absurdité : « Les Celtes pensaient que les nains étaient des espèces de créatures formées du corps du géant Ime, c'est-à-dire de la poudre de la terre. Ils n'étaient d'abord que des vers ; mais par l'ordre des dieux, ils participèrent à la raison et à la figure humaine, habitant toujours cependant entre la terre et les rochers. »

Collin de Plancy ne prend de fait jamais la peine de relever le caractère déplaisant et infondé de ces légendes.

Enfin, pour donner à son article un semblant de vérité scientifique, Collin de Plancy signale que des tombeaux contenant des « squelettes humains » n'excédant pas « trois pieds en longueur », avec des « crânes hors de proportion avec le reste du corps », auraient été découverts aux États-Unis. Et de conclure : « Voilà les Pygmées retrouvés ».

Dans son *Nouveau Dictionnaire universel des synonymes de la langue française*, publié en 1808 et réédité tout au long de la première moitié du XIXe siècle avec succès, François Guizot offre pour la première fois une distinction entre les mots « nabot », « ragot », « trapu » : « Le nabot est beaucoup trop petit ; il doit être gros en même temps qu'il est court. Le ragot, s'il n'est pas plus petit ou plus court, est au moins plus vilain, plus difforme, plus ridicule ; il a une configuration vicieuse, une mauvaise encolure. C'est ce que Scarron a fort bien observé dans le portrait de son Ragotin. Le nabot est donc ridiculement petit, est ridicule dans sa conformation. Court, rond, ramassé, taillé dans le fort, avec un air vigoureux et robuste, un homme est trapu. »

Il va sans dire que toutes ces descriptions ne respirent pas la bienveillance ; ce sont bel et bien des mots très péjoratifs que le dictionnaire de Guizot va renforcer dans l'usage.

C'est à Benjamin Lafaye, en 1858, de donner sa pleine mesure à la synonymie en publiant le *Dictionnaire des synonymes de la langue française*.

« NAIN ; PYGMÉE, MYRMIDON ; RAGOT, NABOT. Homme de petite taille. »

« Nain », en latin *nanus*, en grec *nanos*, est le mot ordinaire, celui de tous les styles. Il s'applique à une personne d'une taille remarquablement au-dessous de la moyenne. « J'avais fait connaissance avec un petit licencié biscayen… Il était si petit qu'on l'aurait pu prendre pour un nain. »

Lafaye s'intéresse ensuite à « Pygmée et Myrmidon, tous deux d'origine grecque », qui « ont désigné d'abord des peuples, et quelquefois ils conservent encore cette signification, pygmée surtout ». La suite se veut historique et documentaire, en citant Buffon : « C'est aux sources du Nil que les anciens envoyaient les grues combattre les Pygmées, sorte de petits hommes, dit Aristote, montés sur des petits chevaux, et qui habitent des cavernes. »

Il importe de rappeler que les deux mots ne s'emploient que familièrement ou littérairement. Illustrant la distinction entre « Pygmée » et « myrmidon », différentes comparaisons et citations sont données. « Un médiocre avocat est un Pygmée auprès d'un grand orateur », signale ainsi d'Alembert. Et Mme du Deffand d'indiquer dans sa correspondance qu'en comparaison de Corneille, « nos auteurs sont des myrmidons». Et Voltaire de déclarer que «quand vous êtes au sommet d'une tour, les hommes qui sont au pied vous paraissent des Pygmées».

Tous ces commentaires ne sont pas inutiles pour comprendre le rôle du mot «nain», considéré comme une sorte d'hyperonyme, d'une certaine neutralité, pendant que dans l'usage du XVIIIe siècle mais aussi encore du XIXe siècle ce sont les mots «pygmée» et «myrmidon» qui relèvent d'un vocabulaire châtié.

Prudence Boissière donne en 1862 à la langue française son premier *Dictionnaire analogique de la langue française.* «Nabot» et «myrmidon» y sont bien sûr cités, mais c'est le mot «nain» qui fait l'objet d'un article : «Nain, petit homme qui est une monstruosité par l'exiguïté de son corps; Naine, féminin de nain.»

Pareille introduction ne serait pas admise aujourd'hui, le mot «monstruosité» étant d'emblée perçu comme ayant un caractère des plus discriminants.

La suite reste cependant très intéressante, en y retrouvant listées toutes les analogies culturelles pouvant alors être établies.

«Les nains qu'on peut citer sont : Alypius, philosophe d'Alexandrie : Bébé, du roi Stanislas; les Courtils, esprits ou sorciers de la Bretagne; les Dwergars, des Scandinaves; Fialar et son frère Galad, des Scandinaves; Gérana, reine des Pygmées; les Kimos, de Madagascar; lord Mimmus, ou Jeffery Hudson, de la reine Henriette d'Angleterre; les korrigans, fées commères des nains de Bretagne; les Lilliputiens, de Gulliver; les Morions, admis dans les festins chez les Romains; les Myrmidons, sortis des fourmis par métamorphose; les Panisques ou petits Pans, dieux champêtres; le Petit Poucet; Quasimodo, d'un roman de Victor Hugo; Tom Pouce; Triboulet, fou de Louis XII et de François Ier; etc.» Que de pistes de recherche passionnantes ! Tout voyage dans l'univers des mots a son cortège de fictions, d'histoire et de rêves.

Le témoignage des très «grands» dictionnaires, de Larousse à Littré

Pierre Larousse : la langue avec, en prime, un voyage anthropologique, historique et anecdotique

Pierre Larousse fut, avec Littré, un immense lexicographe qui publia notamment, en 1856, un petit volume au format de poche, le *Nouveau dictionnaire de la langue française*, dont il se vendit plus de 4 millions d'exemplaires jusqu'en 1905, date du premier millésime de son successeur, le *Petit Larousse illustré*. La définition alors donnée du nain au grand public, comme aux élèves en nombre croissant depuis la loi Guizot de 1833, est totalement neutre : « Nain, e. Dont la taille est de beaucoup inférieure à la taille moyenne. Adj. : *rosier, arbre nain.* »

Ce petit dictionnaire sera suivi du *Grand Dictionnaire universel du XIXe siècle*, en 15 volumes, paru de 1865 à 1876. Il va sans dire qu'avec plus de 24 000 pages, l'approche adoptée est celle du gigantisme. « Personne dont la taille est de beaucoup au-dessous de la taille ordinaire » : ainsi commence l'article consacré au mot « nain », dans le onzième volume. Quelques citations viennent ensuite étayer la définition, dont une phrase de Larcher rappelant la taille de Bébé : 70 centimètres. Puis vient le sens « par exagération » : « Personne de très petite taille », assorti d'une belle citation de Victor Hugo, « Le gamin de Paris, c'est le nain de la géante ». Le sens figuré est alors mis en avant : « Personne infime, sans aucun mérite », que Larousse illustre avec un propos de Chateaubriand : « J'ai vu un plus grand siècle, et les nains [...] qui barbotent aujourd'hui dans la littérature et la politique ne me font rien du tout. » On passe alors aux sens spécifiques avec, dans la mythologie scandinave, le « nom donné à des sortes de gnomes ».

L'article mentionne enfin les « synonymes "nain", "myrmidon", "pygmée" » pour clore la partie consacrée à la langue.

La seconde partie est consacrée à l'aspect encyclopédique. Impossible d'en rendre compte précisément tant le développement qui y correspond est long et fourni. Il commence de manière assez négative : « À la petitesse de la taille se joignent, souvent, des difformités et, dans l'espèce humaine, le défaut d'intelligence ou tout au moins un manque d'équilibre dans les facultés intellectuelles », avant que ne tombe une phrase typique d'une époque qui aime à trancher scientifiquement sans la moindre nuance : « Les nains doivent donc être classés parmi les monstres. » Commence alors ce qui se veut être un relevé scientifique des causes possibles, citant entre autres l'insuffisance de nourriture (et notamment de lait maternel) et l'exiguïté de l'utérus lors de la grossesse de la mère. Le climat est aussi mis en cause, le froid excessif pouvant par exemple expliquer la petitesse des hommes des régions polaires. La chaleur excessive aboutit, selon Larousse, au même résultat.

L'histoire est aussi mise à contribution : « Les Orientaux apprirent aux Grecs et aux Romains l'art d'arrêter la croissance chez la race humaine » pour satisfaire la mode des nains de compagnie, déjà en vogue auprès des dames romaines. L'article se poursuit en affirmant brutalement que « les nains sont rarement bien conformés : une tête énorme, des membres tors, des jambes grêles, une intelligence très bornée, quand elle n'est pas absente tout à fait, souvent même une somnolence et une stupidité invincibles, tel est leur lot le plus fréquemment ». Et comme si le portrait n'était pas suffisamment chargé, Larousse d'ajouter que les nains « sont, à de rares exceptions près, méchants et envieux », cela s'expliquant par les railleries dont ils sont l'objet. « Comme tous les monstres, ils sont rarement féconds, les mariages entre nains et naines restent le plus souvent stériles. »

Avec une forme de complaisance, il décrit ensuite des tribus « naines » de manière caricaturale : « Ces nains sont remarquables par la ténuité de leurs membres, contrastant avec un ventre très proéminent », un « dos osseux », un « crâne sphérique », une « peau d'un rouge de cuivre », des cheveux « assez semblables à de l'étoupe goudronnée », rien n'est épargné à la tribu des Akkas originaire d'Afrique centrale… D'autres commentaires de type anthropologique suivent, de même nature.

L'article mentionne ensuite quelques nains célèbres, en mettant notamment l'accent sur le rôle qu'ils jouaient auprès des puissants qu'ils servaient : le nain d'Auguste, le nain et la naine de sa fille Julie, Canopas et Andromède, ou encore le nain de Tibère, qui osait lui dire « des vérités qu'aucun citoyen n'eût pu répéter sans risquer sa vie ». Sont également cités Marius Maximus et Marcus Tullius, chevaliers romains, Caius Licinius Calvus, orateur nain ayant plaidé plus d'une fois contre Cicéron, Alypius, le philosophe, Carachus, intime du grand Saladin, ou encore le Polonais Ladislas Cubitalis. L'historique se poursuit en évoquant les grands maîtres de la peinture italienne et espagnole, Véronèse et Vélasquez, qui firent figurer des nains dans leurs tableaux aux côtés de hauts personnages.

Il est alors rappelé qu'en Italie la « mode des nains » y fut « poussée jusqu'à la rage », avec par exemple un banquet servi par 34 nains… Par ailleurs, l'article signale que, dans ce même XVIe siècle, un nain se faisait porter par les rues dans une cage comme un oiseau. De manière valorisante, il décrit également Jean de Etrix, attaché au duc de Parme, qui portait une longue barbe, savait trois langues, était très spirituel et… « de première force au trictrac ». Avec Larousse, citons aussi Corneille de Lituanie, le nain de Charles Quint, Triboulet, nain de François Ier, et les nains et naines qui entouraient Marie de Médicis. On doit à Louis XIV la sage décision de supprimer définitivement la charge de « nain du roi »… On conclura ici sur une allusion contemporaine de Larousse : « Enfin, tous les contemporains se souviennent encore du fameux général Tom Pouce, ce nain inventé par le grand puffiste [ce mot disparu de l'usage était à la mode pour désigner une personne recourant à une publicité tapageuse,] Barnum et que les Parisiens fêtèrent si bien sous le dernier règne. En 1863, Tom Pouce fut engagé au théâtre des Variétés pour jouer le rôle du Petit Poucet : il vit encore en Amérique. »

Soulignons que le *Grand Dictionnaire universel* était publié au fur et à mesure avant d'être relié en fascicules auxquels on s'abonnait, et les abonnés étaient nombreux, plusieurs dizaines de milliers semble-t-il. Les articles du *Grand Dictionnaire universel* furent par ailleurs pillés sans vergogne par les journalistes pendant des décennies.

Littré : le grand rival encyclopédique, érudit et étymologique de Larousse

Contemporain de Pierre Larousse, Émile Littré rédigea le célèbre *Dictionnaire de la langue française* en quatre volumes, le dernier étant achevé en 1873, suivi d'un supplément en 1878. Ce dictionnaire fit autorité jusqu'au milieu du XIXe siècle.

Cet érudit, diplômé de médecine et grand historien de la langue, offre au mot « nain » un article qui ne manque pas de précision. Voici la définition qu'il donne : « Celui, celle qui est d'une taille beaucoup plus petite que la taille ordinaire. » Il cite en premier lieu Molière – « La naine, un abrégé des merveilles des cieux » –, puis Voltaire : « Il y avait alors dans la chambre du roi un petit nain qui était muet, mais qui n'était pas sourd. »

En réalité, à part quelques autres citations, peu d'informations nouvelles sont apportées : comme tous les dictionnaires du XIXe siècle, il mentionne ensuite le « terme de jeu », le Nain jaune, et le « terme de commerce », le nain londrin. L'adjectif est très sommairement présenté : « Qui a une taille de nain », définition assortie d'un exemple peu amène extrait de l'œuvre de Dancourt – « Sa fille a le visage de travers, elle est bossue, naine et boiteuse ». Enfin, place est faite aux « végétaux nains ».

Le xxe siècle : à la conquête de plus d'objectivité et d'un peu de délicatesse…

Le *Petit Larousse illustré* en un volume, né en 1905

Le *Petit Larousse illustré*, qui paraît pour la première fois en juillet 1905, est un dictionnaire pour ainsi dire patrimonial, dont la carrière remarquable est encore en cours en 2025. Petit dictionnaire, grand monument national !

Voici la toute première définition du *Petit Larousse illustré* : « NAIN, NAINE (nin, nè-ne) n. (lat. *nanus*). Dont la taille est de beaucoup inférieure à la taille moyenne. Adj. : *rosier, arbre nain.* »

Avant de reprendre la suite de l'article, peu amène, signalons au passage que le « petit » *Larousse* fut adapté en 1961 dans une collection appelée « Lilliput », surnom donné en fonction du tout petit format choisi pour cette collection, chaque « volume » tenant dans le creux de la main à la façon des personnages de Gulliver.

L'article du premier *Petit Larousse illustré* ne s'arrête pas là et se révèle de fait relativement long pour ce dictionnaire en un volume, où la place est mesurée. D'une certaine manière, c'est indirectement révéler l'intérêt des lecteurs pour le sujet.

« Parmi les nains, quelques-uns représentent des organismes en quelque sorte atrophiés, frappés de déchéance physique et, le plus souvent, intellectuelle ; ceux-là meurent généralement très jeunes. Les autres, au contraire, sont des individus petits et parfaits dans leur forme, véritables exceptions physiologiques à ce point de vue, mais intelligents et capables de vivre longtemps. Les nains furent longtemps très recherchés des princes, et quelques-uns ont acquis une véritable célébrité. Nous citerons parmi les plus connus Bébé, le nain du roi Stanislas, qui, pour une taille de 0,70 mètre, pesait environ 9,5 livres ; Jeffrey Hudson, le nain de Charles Ier ; le nain de Philippe IV, dont Vélasquez a laissé un admirable portrait; Tom Pouce 0,57 mètre); Adrien Esmilaire (0,69 mètre à 16 ans); et la petite reine Mab, qui atteignait à l'âge de 19 ans 0,70 mètre. ANT. Géant.»

Conformément à sa fonction, le *Petit Larousse illustré* reflète en réalité les savoirs et la curiosité des Français d'alors.

Le Petit Robert, né en 1967

Un autre «grand» petit dictionnaire, *Le Petit Robert*, fait aussi figure d'ouvrage patrimonial. Version en un volume du *Dictionnaire alphabétique et analogique de la langue française* imaginé par Paul Robert dès 1963 – qu'on appellera par la suite *Le Grand Robert* –, *Le Petit Robert* est certes bien plus récent que le *Petit Larousse*, mais il a néanmoins connu des évolutions entre sa première édition en 1967 et celle de 2025. L'article a notamment été restructuré et enrichi en fonction de l'actualité scientifique.

Voici l'article du premier millésime, publié en 1967 :

NAIN, NAINE
NOM : Personne d'une taille excessivement petite ou atteinte de nanisme (on dit aussi «personne de petite taille»). Au figuré, personne insignifiante. Personnage légendaire de taille minuscule (comme un gnome, farfadet, lutin). Exemple célèbre : *Blanche-Neige et les sept nains*.
ADJECTIF : Qui désigne quelque chose ou quelqu'un de petite taille (exemple : *elle est presque naine*). Utilisé aussi pour des espèces végétales, animales, ou des objets (*rosier nain, poule naine, étoile naine*).

Et voici la définition actuelle, de 2025, tirée de la version électronique du *Petit Robert*, conforme au dictionnaire sur papier. On constate d'emblée que l'information y est considérablement enrichie.

NAIN, NAINE

FORMES :

masculin singulier : nain
féminin singulier : naine
masculin pluriel : nains
féminin pluriel : naines
Prononciation : nain [nɛ̃] ; naine [nɛn] ; nain, naine [nɛ̃, nɛn]

NOM ET ADJECTIF

Étym. XIIe siècle ◊ latin *nanus*

I. NOM

1. Cour. Personne d'une taille anormalement petite. → péj. avorton, gnome, nabot, tom-pouce. Fig. « Que de nains couronnés paraissent des géants ! » (Voltaire).

♦ Spécialt. (dans les légendes) Personnage imaginaire de taille minuscule (gnome, farfadet, lutin, korrigan). « Blanche-Neige et les sept nains », conte de Grimm.

▫ Nain de jardin : figurine (en céramique, en plastique) représentant un personnage des contes et légendes germaniques, servant à décorer les jardins.

♦ (1838) Nain jaune : jeu de cartes où l'on place les mises sur un tableau dont la case centrale représente un nain vêtu de jaune, qui tient à la main un sept de carreau.

2. Individu atteint de nanisme. Ses chaussures « lui faisaient gagner les dix centimètres qui le haussaient de la condition de nain à celle d'homme petit » (Tournier).

3. Fig. Personne sans importance, négligeable. → minable, minus. « 9 millions de barils par jour ! Je suis un nain [...] à côté de ce gars-là ! » (E. Carrère).

II. ADJECTIF

1. (1636) Qui est anormalement petit. « Elle avait beau être petite, très petite, presque naine » (Jouhandeau).

◆ Atteint de nanisme. *Il est très petit, mais il n'est pas nain.*
2. (Qualifiant des espèces, des variétés de plantes de petite taille) *Arbre nain* (→ aussi bonsaï), *rosier nain. Haricot, pois nain. Poule naine.*
3. (1923) Astron. Étoile naine ou subst. naine : étoile appartenant à la série principale du diagramme de Hertzsprung-Russell. *Le Soleil est une étoile naine. Naine blanche*, de température superficielle relativement élevée et de forte densité. *Naine rouge*, de température superficielle relativement faible, émettant peu de lumière. *Naine brune*, de faible masse, restée trop froide pour être le siège de réactions nucléaires.
▫ Planète naine.
▪ CONTRAIRES : Colosse, géant.
2025 Éditions Le Robert – *Le Petit Robert de la langue française*

Le *Dictionnaire de l'Académie française* :
une remarquable neuvième édition

L'excellent article de la dernière édition du *Dictionnaire de l'Académie française* propose des exemples appréciables, notamment dans le domaine de l'astronomie : « Une étoile naine, dont le diamètre est plus petit que celui d'autres étoiles. » Sans oublier une « planète naine », qui renvoie à l'article « planète », tout en étant définie comme « une petite étoile de grande densité, de faible luminosité », à quoi s'ajoute « Une naine brune, une étoile de faible masse, qui ne peut être le siège de réactions nucléaires ». Un constat s'impose : la « naine » prend indirectement à travers la mention des étoiles une nouvelle connotation valorisante ; voilà qu'une « jolie naine » peut, hors contexte, bénéficier d'un double sens. La remarque n'est pas anecdotique, car les mots ont leurs secrètes correspondances.

Un dictionnaire mort prématurément :
Le *Trésor de la langue française* (1971-1994)

Conçu entre 1971 et 1994 par le CNRS à l'aide de ce qui était à l'époque le plus gros ordinateur du monde, le *Trésor de la langue française* (TLF) est riche de 16 volumes, hélas pour l'heure sans supplément, et il est offert sur support numérique depuis 2000. Avec 400 000 citations, issues de l'analyse informatique de plus de 3 000 textes littéraires et scientifiques, ce dictionnaire dirigé par Paul Imbs puis Bernard Quemada représente indéniablement un monument extraordinaire. Pour le mot « nain », on repère précisément 200 citations dans lesquelles se trouve le mot au masculin ou au féminin, au singulier ou au pluriel.

Des frères Goncourt à Proust en passant par Bernanos, George Sand, Simone de Beauvoir, Julien Green, on ne peut qu'apprécier la richesse, la variété et la profondeur culturelle de ces citations. On est particulièrement ému en lisant l'extrait choisi du *Journal* de Julien Green : « Assis côte à côte au fond d'une luxueuse voiture, deux nains dont l'un avait la taille d'un enfant de 7 ans ; l'autre était beaucoup plus petit et beaucoup plus vieux, et dans son minuscule visage tout ridé se lisait un désespoir comme je n'en ai jamais vu. » S'il s'agit d'un outil exceptionnel, il est hélas limité en termes d'enrichissement à 1994, date de publication de son dernier volume.

Un grand nom au panthéon : le *Dictionnaire alphabétique et analogique de la langue française – Le Grand Robert*

Sans bénéficier de la profusion d'informations littéraires du *Trésor de la langue française* – on n'y compte que 69 citations comportant le mot « nain » –, le *Dictionnaire alphabétique et analogique de la langue française*, achevé en 1964 et appelé ensuite *Le Grand Robert*, a vite gagné sa place au panthéon des grands dictionnaires.

Ayant découvert le dictionnaire analogique de Boissière, Paul Robert eut dès le départ l'idée neuve d'adjoindre une facette supplémentaire au dictionnaire alphabétique : l'analogie. Celle-ci se concrétisa dans le *Dictionnaire alphabétique et analogique de la langue française* par la mention d'un réseau de mots voisins de sens, listés dans l'article même. Ici, pour l'article « nain », sont mentionnés les mots « avorton », « gnome », « lilliputien », « myrmidon », « nabot », « pygmée », « ragot », « ragotin », « tom-pouce ». Ils correspondent en vérité aux analogies que peuvent établir des personnes cultivées.

Analogies, citations différentes, classement des sens conçu autrement : chaque dictionnaire apporte de fait sa pierre à l'édifice collectif consistant à cerner au mieux tous les aspects d'un mot. On le constate par exemple pour *Le Grand Robert* dont l'article consacre, entre autres, un développement au « nain de jardin », une réalité récente à ne pas négliger dans la perception complète du mot « nain ». De la même manière, le petit développement consacré à l'analyse lexicologique de la « pathologie » n'est pas sans importance dans la description du mot en distinguant par exemple le nain infantile du nain non infantile. Tout comme est signalé l'emploi « par euphémisme » de l'expression « personne de petite taille ».

Il est intéressant de constater que le mot « nain » joue le rôle à la fois d'hyperonyme – un mot de sens large sous lequel se rangent des mots de sens spécifique – et de mot générique – le genre par rapport à l'espèce –, réunissant une constellation de réalités voisines mais relevant de domaines spécifiques.

Le voyage au pays des dictionnaires avec leurs représentations, leur diversité, leurs différences, mais aussi leurs points communs à chaque époque, permet de baliser à la fois notre imaginaire et notre histoire. Et à dire vrai, au cœur des 10 000 dictionnaires qui constituent ma bibliothèque, se trouvent encore bien des facettes du mot « nain » qu'il faudrait relever. Par exemple : quelles sont les citations retenues, en parcourant la centaine de dictionnaires de citations à ma disposition ? Quelle est l'évolution du mot « nain » dans les articles qu'y consacrent les dictionnaires de médecine ? Qu'en est-il de l'argot au cours des siècles ? Un énorme volume et une vie entière ne suffiraient pas à en rendre objectivement compte.

La poésie et l'imaginaire collectif se révèlent parfois aussi dans les dictionnaires ou recueils de définitions de mots croisés. Ces derniers recueillent ce qui n'est jamais écrit dans les dictionnaires, les non-dits qui passent par le jeu, mais qui trahissent de plaisantes ou déplaisantes analogies. Voici un exemple : la définition « Grincheux ou Timide » est proposée au cruciverbiste, et voici venir les nains de Blanche-Neige… Le jeu de mots a souvent la faveur des cruciverbistes, avec par exemple un « petit des tailles » qui joue péniblement sur le mot « détail ». L'indice « n'est pas à la hauteur » sonne également bien mal…

On remarque par ailleurs que l'adjectif sans cesse repris pour « naine » dans nos dictionnaires n'échappe pas au stéréotype, c'est forcément une « jolie naine ». Que l'on soit de très grande taille ou de très petite taille, n'oublions jamais que le cœur et l'envie de se réaliser sont les mêmes. À nous tous d'y contribuer.

Là où le mot « nain » brille de mille connotations plus ou moins reluisantes, voire tout à fait dégradantes comme notre voyage lexical l'aura prouvé, le mot « nanisme » désigne, de manière univoque, une condition médicale. La très grande majorité des personnes de petite taille acceptent celle-ci mais refusent que leur identité soit réduite à ce monosyllabe qui les assigne à cette seule réalité : être des « nains ». Comme si une taille objectivement très inférieure à la moyenne décidait du destin d'une personne.

Il ne nous revient pas de supprimer des mots ou de pénaliser leur usage, nous laissons ce triste privilège à la censure des États autoritaires. Mais il revient à chacun d'en rendre l'usage de moins en moins fréquent afin que le mot devienne obsolète dans sa désignation des personnes de petite taille.

4.
Les 20 réflexes à adopter quand je croise une personne de petite taille

Les comportements épinglés ici pourront sembler exagérés ou peu crédibles. Pourtant, ils font souvent partie du quotidien des personnes de petite taille.
Même s'ils ne cherchent pas forcément à nuire ou à blesser, certains restent intolérables pour ceux qui les subissent.
Et il serait trop facile de les justifier au nom de l'ignorance, de la liberté individuelle ou de l'humour.

1

Je ne la considère *pas* comme une *demi-personne,* de moindre *dignité* ou de moindre mérite.

2

Je m'adresse à elle *directement* et *pas* à la personne qui l'accompagne.

3

Je ne la regarde *pas* comme si elle était *le huitième nain* de Blanche-Neige.

4

Je ne dis *pas* d'elle
qu'elle est
trop mignone
ni ne m'autorise à la
surnommer
Mimie ou
Passe-Partout.

5

Je ne confonds pas
liberté d'expression et
liberté de *blesser*
et ne me
moque pas d'elle,
ni en sa *présence*,
ni sur les *réseaux sociaux*.

6

Je n'ai pas *besoin* d'en

louer

une petite troupe pour mon *anniversaire*.

7

Je sais que
le « lancer de nains » est
interdit
mais que de nombreux
autres divertissements
dégradants
existent encore.

8

Je ne *proportionne pas*
son cerveau
à sa taille
et *n'imagine pas*
qu'elle vit dans un monde
en miniature.

9

Je ne lui *caresse pas* le crâne, ni ne la suis *en marchant sur les genoux*.

10

Je ne *m'accroupis* pas pour lui *parler.*

11

Je ne
l'infantilise pas,
ne me considère
ni comme son *supérieur*
ni comme son *protecteur*,
et je *sais* que
sa voix *compte*
autant que
la mienne.

12

Je ne
l'évite pas,
dans les lieux publics
et ne *m'amuse pas*
à la prendre en photo
dans son dos.

13

Je comprends

que tout ce qui m'est *naturellement* acessible

ne l'est pas

pour elle.

14

Je l'aide quand elle
me le demande
et ne lui porte pas secours
de façon arbitraire
et unilatérale.

15

Je ne
m'intéresse pas plus
à sa vie sexuelle
qu'à celle de mes *voisins*.

16

Je ne *pense pas* que les « nains » ne se *reproduisent* *qu'entre eux.*

17

Je suis

conscient

que le nanisme est un

handicap.

18

Je *renonce*
au mot « nain »
et je fais *l'effort*
de dire *trois mots de plus*
pour l'appeler
« personne
de petite taille ».

19

Quand mon enfant
me demande :
« Pourquoi elle
est si *petite* ? »,
je n'élude pas sa question
et lui explique
pourquoi elle est
différente.

20

Si je suis *témoin*
d'un comportement
humiliant et *dégradant*
à son égard,
je *refuse* d'en être
complice :
je m'y oppose
ou le *signale.*

5.
Les 6 dossiers prioritaires à instruire et combats à mener

Ce qui est consigné ici ne se veut ni exhaustif ni définitif.
Il s'agit simplement d'un premier classement thématique des offenses, des affronts, des vexations ou des humiliations ordinaires que les personnes de petite taille peuvent subir dans leur vie quotidienne.
Des choses ordinaires qui font mal, tout dépendra de la situation de chacun et de son seuil de tolérance.
Il reste qu'il existe des choses indignes ou injustes qui doivent définitivement disparaître. À chacun d'en juger.

1.
Les nouveaux jeux du cirque

La location d'un nain ou d'une naine pour des enterrements de vie de garçon ou de jeune fille : pour que l'événement soit unique en son genre, on peut même choisir une personne de petite taille *chippendale* ou lui passer les menottes. Pas d'inquiétude : les organisateurs précisent toujours que les « *miniboys* » ou « *minigirls* » sont toujours bien traités.

La réservation de places de choix pour des spectacles dits « comico-taurins », où une troupe de « nains » déguisés comme pour *La Piste aux étoiles* affrontent des vachettes qui les font voltiger. Précisons que ce genre de spectacle est interdit en Espagne, mais il a été dernièrement autorisé dans les Landes ou sur la côte basque.
La location via des agences événementielles de personnes de petite taille pour des soirées privées, des lancements de produit, des opérations promotionnelles, des *teams building*, des salons ou des séminaires. Les prestataires de services garantissent, comme ils le précisent soigneusement dans leur protocole professionnel, à la fois l'ambiance et un « esprit d'inclusion et de respect ».

La location de petits comédiens qui sortent tout sourire de vos paquets cadeaux pour la plus grande joie de tous.

L'organisation de combats de nains dans les discothèques pour prolonger sur le ring l'excitation du *dancefloor*. Le dernier combat français a été programmé à Toulouse en avril 2024 avant que le gouvernement ne s'y oppose fermement, notamment par la voix de Fadila Khattabi, ex-ministre déléguée auprès de la ministre du Travail, de la Santé et des Solidarités, chargée des Personnes âgées et des Personnes handicapées. Il a finalement été annulé par arrêté municipal.

La visite touristique du Royaume des petites personnes dans la banlieue de Kunming, capitale du Yunnan, en Chine. Dans ce parc de loisirs à thème, créé par un investisseur immobilier chinois, règnent des personnes de petite taille rémunérées pour leurs performances artistiques. Notons que ce complexe touristique est régulièrement dénoncé par des ONG et des associations comme Handicap international et Little People of America.

2.
La nano-pornographie

Impossible de faire ici l'inventaire exhaustif de l'exploitation pornographique des difformités physiques liées au nanisme. Le désir en ligne et les réseaux sociaux en sont le royaume. En voici deux pour ouvrir le dossier :

Le Foudroyeur de naine, sur TikTok, performeur dans le X, autodéclaré « professionaine », qui dit détenir le record du monde de « *back flip* ligotage ». Sa recette dans le texte ? « Je prends la naine, je la jette, salto, réception, ligotage, emboîtage, *nice to meet you.* » *No comment*.

Le compte sur X de Passe-Partouze de Fort-Boyarde : notons ici le jeu subtil sur la lettre X, qui désigne à la fois l'industrie du porno et l'ex-Twitter avant qu'il ne soit racheté par Elon Musk en 2022…

3.
Le vol d'identité

Les photos volées dans la rue ou dans les lieux publics, avec une cote spéciale pour les couples de personnes de petite taille, agrémentées sur les réseaux sociaux de légendes moqueuses, dégradantes ou blessantes pour que le spectacle soit plus complet, constituent des vols d'identité.

Quand elles en ont la force, les personnes de petite taille parviennent à obtenir la suppression des images prises à la dérobée par leurs voyeurs. Mais leurs photographes non officiels courent plus vite et sont souvent beaucoup plus forts ou plus nombreux qu'elles...

4.
L'insoutenable légèreté de l'humour

Le groupe Facebook « Amateurs de nains », créé en 2021 a été « érigé en tribune libre où chacun peut ouvertement appeler à la discrimination, voire à la haine et à la violence à l'égard des personnes atteintes de nanisme », selon les mots de Richard Malka, avocat-conseil de l'APPT, qui a demandé à son administrateur de contrôler le contenu publié.

Les comptes Twitch, Kick et autres bonnes adresses d'influenceurs ou de streamers sur lesquelles les blagues en tout genre circulent à l'envi. Un petit florilège ? « Les nains naissent dans des sabots »,

« L'avantage quand tu es nain, c'est que tu n'as pas à te préoccuper de ce que tu feras quand tu seras grand », « Quand plusieurs nains se retrouvent sur la plage, ils deviennent des mi-grands », « Qu'est-ce qu'un nain con qui a des flatulences ? Un nain con pétant », « Qu'est-ce qu'un nain qui a la bite molle ? Un nain puissant » ou d'autres apparemment plus subtiles : « Qu'est-ce qu'un nain intelligent ? Un nain tellectuel »...

5.
La réduction au cliché

Le cliché, le plus souvent sans auteur attitré, est difficile à réguler mais très facile à diffuser, amplifié par les réseaux sociaux. Chaque cliché a son pendant contraire, mais son contraire, hélas, ne l'annule pas. Ils font ainsi boule de neige. Voici les paires contradictoires les plus courantes, enracinées dans les contes et légendes populaires ou folkloriques et réinterprétées par des influenceurs parfois ignorants, parfois malveillants.

Le nain est vengeur, avide, vicieux, agressif.
Le nain est joyeux, de charmante compagnie, toujours de bonne humeur, prêt à rire de lui-même et avec ses amis.

Le nain est paresseux, assisté, improductif, profiteur.
Le nain est travailleur, laborieux, toujours vaillant à la tâche, prêt à accomplir n'importe quelle mission en sifflotant.

Le nain est impudique, libidineux, pervers.
Le nain est naïf, innocent, vierge.

Le nain diabolisé comme force obscure et puissance négative.

Le nain héroïsé comme esprit protecteur et talisman porte-bonheur.

À ce titre, que dire de l'enseignante de collège qui, en 2020, inscrivit une photo d'André Bouchet, connu notamment en tant que Passe-Partout de *Fort-Boyard*, dans un jeu de 12 personnages, support pédagogique censé sensibiliser les enfants à l'idée du monstre ? Y figuraient notamment le monstre du loch Ness, un vampire, Shrek, une sorcière… La consigne donnée aux élèves : classer les monstres en six paires…

6.
L'ignorance ou le déni du tableau clinique

Le stéréotype et le préjugé se nourrissent l'un de l'autre. Réduisant la réalité à sa dimension la plus superficielle ou la plus caricaturale, le cliché est une croyance fausse qui circule d'autant plus vite qu'elle est facilement assimilable. Il bloque la pensée et la curiosité intellectuelle, et alimente souvent le préjugé qui le convertit en attitude négative. Cette dernière peut alors à son tour générer une stigmatisation sociale.

Ainsi, le cliché selon lequel les personnes de petite taille sont juste de petite taille est souvent à l'origine du préjugé suivant : elles se plaignent beaucoup alors que leur handicap est mineur. Et c'est ainsi que la personne de petite taille devient un esprit revendicatif, voire vindicatif ou grincheux. On en vient alors à ne pas voir plus loin que le bout de son nez, en l'occurrence à ne pas voir plus loin que la petite taille. Le tableau clinique du nanisme est passé sous silence, ignoré ou occulté.

Voici ce que chacun devrait pouvoir se dire quand il croise une personne de petite taille : achondroplasie, dysplasie mésomélique, dysplasie spondylo-épiphysaire, pseudo-achondroplasie, ostéochondrodysplasie, ostéogenèse imparfaite, nanisme diastrophique, mucopolysaccharidose… Les centaines de formes de nanisme sont des maladies génétiques ou hormonales qui provoquent des anomalies de croissance des os et demandent un suivi génétique pédiatrique, orthopédique, rhumatologique et un suivi ORL, respiratoire et maxillo-facial à l'âge adulte. Le suivi diététique et l'accompagnement psychologique des personnes atteintes de nanisme sont par ailleurs nécessaires à leur bien-être.

Nul n'est tenu de connaître les différentes formes du nanisme et ses pathologies associées, mais nul ne devrait ignorer que toute personne de petite taille est généralement familière des tables d'opération chirurgicales dès l'enfance.

6. L'Association des personnes de petite taille de 1976 à aujourd'hui : cinquante ans de luttes et de joie

Une révolte, une rencontre, un hasard : l'Association des personnes de petite taille est née de l'enchaînement de ces trois cadeaux de la vie.

La révolte est celle d'une mère, Helga Priacel, qui accouche en 1969 d'un fils atteint d'achondroplasie. « Vous savez bien que cet enfant ne vivra pas », lui lâche un médecin quand d'autres lui expliquent qu'il pourra peut-être vivre, mais avec une coque en plâtre et un corset en cuir muni de baleines de métal fabriqué par l'Association des anciens combattants. C'est d'abord contre cette programmation fatale que Helga se révolte.

La rencontre est celle de la mère et du Pr McKusick, pionnier de la génétique médicale à l'hôpital Johns-Hopkins de Baltimore, dans le Maryland, à l'occasion d'un congrès international sur les maladies congénitales organisé par l'Unesco à Paris. Helga y participe comme interprète. Traumatisée par les pronostics funestes des médecins français de l'époque, la mère joue la carte américaine. Carte gagnante : à Baltimore, elle rencontre le Pr Stoll, un généticien qui ne sait pas encore qu'il l'aidera six ans plus tard à créer l'APPT, petite sœur française de Little People of America fondée presque vingt ans plus tôt par l'acteur et activiste de petite taille Billy Barty.

Le hasard est celui qui fait débarquer un notaire atteint d'achondroplasie, Jean Brissé-Saint-Macary, à la toute première conférence de la future association, alors qu'il assurait la promotion de son livre titré *1 mètre 34*. L'homme est connu, sa notoriété accélère les choses, il présidera la conférence inaugurale de l'APPT.

La révolte, la rencontre et le hasard créent l'impulsion originelle mais ne suffisent pas à transformer les choses. Il faut leur ajouter une méthode et une stratégie. C'est chose faite dès 1976. Les priorités des trois cofondateurs – la mère, le généticien et le notaire – sont très claires : sortir de l'ombre, faire reconnaître les personnes de petite taille à l'école, au travail, dans le sport, les accompagner dans leur accès au logement et aux soins médicaux, sensibiliser l'opinion publique à leur condition.

Dans les grandes dates qui balisent l'histoire de l'association, trois auront un impact considérable. En 1994, deux généticiennes de l'Institut Imagine à l'hôpital Necker, Laurence Legeai-Mallet et Valérie Cormier-Daire, identifient le gène responsable de l'achondroplasie. En 1995, l'arrêt Morsang-sur-Orge fait pour la première fois appliquer le principe de dignité en faisant interdire le « lancer de nains » par arrêté municipal. En 2001, le Comité international paralympique reconnaît le nanisme, ouvrant ainsi les Jeux aux personnes de petite taille.

Depuis cinquante ans, les objectifs n'ont pas changé ; certains ont été atteints, d'autres étapes sont encore à franchir.

Sur son chemin, l'association a croisé des personnalités extraordinaires, certaines connues, d'autres anonymes. Elles lui ont apporté soutien, aide, encouragement, intelligence, idées, joie de vivre. Que toutes en soient ici remerciées du fond du cœur.

Conclusion

Dépasser ce qui est petit en chacun de nous

Le procès en wokisme est aujourd'hui chose commune. Outre-Atlantique, il est même devenu une véritable chasse aux sorcières. En Europe, on a l'étrange et funeste impression que toute la vie intellectuelle gravite autour de la guerre à mort entre le wokisme et ses ennemis. Dans les deux camps, la crispation est à son comble, une nouvelle ère du soupçon est née. On finit par oublier les conditions, les situations, les vies de ceux qui sont pris en otage par cette folle querelle. Ceux qui sont minoritaires, vulnérables, empêchés, marginalisés, discriminés, déconsidérés, effacés ou occultés. Le sujet n'est pas de se situer sur l'échiquier politique ou culturel mais de se concentrer sur ce qui est juste ou injuste, digne ou indigne, tolérable ou intolérable. Oui, il faut rester vigilant, en alerte, sur le qui-vive. « *Let us remain awake* », comme disait Martin Luther King. Il faut ne pas s'offenser à tout propos, mais s'indigner quand il est juste de le faire. Ne pas victimiser ceux qui sont différents, mais défendre ceux qui sont dénigrés, humiliés, agressés, violentés. Remettre les idées à l'endroit, pour que la société soit plus ouverte et que chacun soit rétabli dans sa dignité. Est-ce à cause des femmes que le sexisme existe ? à cause des homosexuels que l'homophobie existe ? à cause des personnes handicapées que la handiphobie existe ?

« Faut-il voir la différence par le prisme du handicap ou par celui de la singularité des êtres ? » demande Marie Gillain dans une interview pour *Paris Match* à l'occasion de la sortie d'*Une place pour Pierrot*. Elle y interprète le personnage de Camille, qui accompagne son frère handicapé en construisant, avec lui et pour lui, une vie digne de ce nom. Cette place pour Pierrot, il faut la faire pour toutes les personnes en situation de handicap. Il faut la faire dans nos cœurs, dans nos têtes, dans notre société. Dans nos cœurs, c'est sans doute le plus facile. Dans nos têtes, c'est un peu plus difficile, car elles sont souvent encombrées d'idées fausses ou approximatives, de préjugés et de clichés. Dans notre société, c'est un combat de tous les jours dont les victoires tiennent à l'intelligence collective, au courage de certains, à la solidarité de tous. Il faut avancer sans plainte et sans peur, car la plainte est contre-productive si l'on veut transformer les choses ; et, depuis la grande leçon de Yoda, on sait où mène la peur. Ce n'est pas une question de nombre, mais de volonté : en France, les personnes de petite taille sont 10 000, soit cinq fois moins nombreuses que les personnes porteuses de trisomie 21 et quinze fois moins que les personnes qui ont un handicap cérébral. Mais le nanisme cristallise de nombreux enjeux liés au handicap : l'accessibilité, l'intégration professionnelle, la considération sociale, la continuité du parcours thérapeutique, la lutte contre la discrimination relative à l'apparence physique. Les questions qu'il soulève sont à la fois particulières et universelles : mettant en jeu la condition des personnes différentes, elles amènent aussi celles qui ne le sont pas à penser et agir autrement.

Remerciements

Ce livre n'aurait pas vu le jour sans celles et ceux qui ont accompagné l'Association des personnes de petite taille (APPT) dans ce projet, ni sans le soutien plus large de toutes celles et tous ceux qui, au quotidien, font vivre son action. Qu'ils trouvent ici sa reconnaissance sincère et la volonté de prolonger ce chemin.

À **Paul-Henri Moinet** et **Marie-Hélène Gondre-Vidalinc**, qui nous ont aidés à mettre des mots sur une réalité souvent tue, et à traduire nos voix avec justesse et sensibilité.

Au **Pr Guillaume Lot**, au **Dr Geneviève Baujat** et à l'ensemble des professionnels de santé engagés au côté de cette association. Ils rappellent, par leur engagement, que la santé est un pilier de la sécurité et de la qualité de vie. Leur action montre qu'elle n'est pas un à-côté, mais le fondement même des trajectoires personnelles.

Aux **personnalités qualifiées** – philosophes, sociologues, juristes, élus, artistes, responsables institutionnels, etc. – qui ont enrichi ce livre de leur regard et manifesté leur confiance dans l'action de l'APPT. Leurs contributions nourrissent un dialogue qui ne s'arrête pas ici, et ouvrent des perspectives utiles à la compréhension de ces enjeux.

Enfin, à toutes celles et ceux – **adhérents, familles, proches** – qui portent l'association et lui donnent sa vitalité. Par leur action, ils rappellent que le mouvement associatif garde toute sa noblesse : celle de porter collectivement une cause juste et de rappeler qu'elle concerne bien au-delà des seuls intéressés, car elle interroge la manière dont une société accueille toutes ses différences.

De toutes ces fidélités naît une certitude : la vie garde tout son sens lorsqu'elle est vécue pleinement et librement. Et chacun de nous peut y prétendre.

Ce livre n'aurait pas vu le jour sans le soutien du Groupe Patrimmofi, de la MACIF, de l'Udaf des Yvelines, de Ta Vue Mes Lunettes, de l'Association Cécile Sala et de l'École nantaise de commerce.

Pour une représentation plus juste des personnes de petite taille

7 photos extraites de l'exposition *Grand Angle*, réalisée avec les photographes Audrey Guyon, Lucie Hodiesne Darras et Ghazal Firouzi.

Grand Angle partage le quotidien des personnes de petite taille et dénonce la violence des photos volées.

1

2

HDR
AI
Pro
Vidéo
Photo
Portrait
3

4

5

BOLON
BOLON
6